역사의 경계를 넘는 격정의 기억

국학자료원

구술이 역사와 만나 진실을 만든다.
1925년생의 평범한 어느 한국인이 겪은 비범한 근현대사

세 번 징병되고 세 번 나라를 바꿔 산 연초재배기술자 우 창 한 선생의

역사의 경계를 넘는 격정의 기억

우창한 김인호 著

국학자료원

♆ 목 차

또다시 징집되다

연초재배와 연을 맺다

에필로그 ────────────────────────────

부　록 ────────────────────────────

⚚ 책머리에 – 역사와 구술의 만남

세 번 징병되고 세 번 나라를 바꿔 산 연초재배기술자 우창한 선생의 기억 속으로

우창한 선생은 1925년 9월 1일 단양군 영춘면 하리에서 출생하였다. 어릴 적에 형들의 경제적인 도움으로 공부하였고, 청주농업학교를 들어 갔다. 1945년 4월에 졸업한 후 영춘 공립 국민학교(현재의 초등학교)에서 교편을 시작하였고, 그 해 7월에 제2기 조선인 징병령으로 라남 19사단 산하의 청진 보병 승마중대에 배속되었다. 8월 10일경부터 청진만 야산 고지에서 소련군과 격전을 벌이면서 야간기습작전 중 소련군을 포로로 잡기도 했다. 하지만 8 · 15 해방으로 소련군에 무장해제되어 타 지역(시베리아로 추정됨)으로 압송되던 중 두만강변 고무산 근처에서 탈출하였다.

남하하던 중 함경도 길주와 신포에서는 김구 및 이승만 그리고 김일성에 관한 여러 가지 소문을 청취하였고 동두천에서 일본군과 소련군 간의 전투를 목격하는 등 기왕에 잘 알려지지 않은 사실을 체험하였다.

이렇게 고향으로 돌아온 다음 다시 영춘 공립 국민학교 교사로 재직하면서 신탁통치 반대운동을 전개하고 노래를 지어 배포하는 등 청년 시절답게 현실에 대한 투철한 고민을 안고 살았다. 그런데 근로인민당 당원이었던 친구의 권유로 뜻하지 않게 남로당에 가입된 다음 공산주의자로 오인되어 갖은 고초를 겪었고, 보도연맹에 소속되었다.

6 · 25전쟁 직전 영월군청 산업과 작물계를 거쳐서 국립 농사교도국, 영월군 금융조합에 근무하면서 식량 배급과 공출 업무를 담당했다. 인민군이 진주하면서 자의반 타의반으로 영월군 인민위원회 식량계에 들어가 식량 보급 등을 담당했고, 북한의 토지개혁 정책에 따라 토지개혁 실무를 수행하던 중 토지조사원 습격사건 등 당시 '남측의 저항'도 경험하였다.

다시 국군의 38선 돌파로 인민군과 함께 북상 중 오도 가도 못하는 신세가 되어 처자와 이별하고 고향 영춘에 은거하였고, 1 · 4후퇴로 미군의 맹폭 속에 있던 태화산 등지를 헤매면서 생명을 겨우 보존하였다. 부역자라는 손가락질과 경찰, 방첩대 등의 집요한 체포와 구금 속에서도 친구의 도움으로 1차로 생명을 보존하였고, 51년 7월에는 CIC에 피체되었으나 처백부의 도움으로 간신히 목숨을 부지했다.

이후 1952년 1월 18일, 한국 정부는 1925년생까지 징집령을 내렸다. 그래서 제주도 모슬포까지 가서 신체검사를 받았으나 불합격하여 귀가했고, 다시 7개월 후 영장이 나와서 재검을 받아 입대하였다. 약 8주간을 기한으로 광주통신학교에 입교한 다음 통신 교관으로 4년을 보냈다. 이렇게 보면 시대의 격랑 속에서 세 번 징집을 받아야 했고, 긴 세월 의무적으로 군대 생활을 해야 했다.

국가에 대한 헌신에도 불구하고 제대하면서 보도연맹원이라는 주변의 따가운 시선으로 오랫동안 취업이 어려웠다. 친지의 소개로 겨우 1958년에 대한중석 상동광산 만항탄광에 취업했다. 하지만 그나마 회사의 도산으로 실직했고 취업을 위해 상경하면서, 4 · 19 혁명을 겪었다. 이후 박정희 정부의 근대화 정책에 힘입어 이천 연초조합에 취업하였고, 자주적인 국산 담배 개량말칭재배법과 채소의 비닐복개재배법,

담배 비닐육묘법을 개발하여 오늘날 우리나라의 근대적인 담배, 채소 재배법을 만들어 낸 숨은 공로자가 되었다. 오늘날 농촌에서 채소 재배를 위해 널리 사용하는 비닐하우스 재배와 하우스 육묘법을 널리 전파하였고, 특히 비닐피복재배법은 우창한 선생이 최초로 개발한 경작법이다. 당시 낮은 공무원 신분이라 잘 알려지지 않은 탓도 크다. 1973년부터 한일연초주식회사에 있으면서 연초수출업에 일조하는 등 연초수매와 생산관련 기술직으로 오랫동안 봉직하였다.

이처럼 우창한 선생은 가난한 농촌의 아들로 태어나 세월의 무상함 속에서 세 번 징병되고 세 번 나라를 바꿔 살았고 여러 차례 생업을 바꾸며 살았다. 그러면서 자신의 의지와 전혀 상관없는 생존의 위협을 끊임없이 느끼면서 살았다. 생존을 위해서는 나름의 협력과 굴종을 반복해야 했다. 그가 담당한 역사적 경험들은 우리 역사에서 중요하게 취급되는 시기에 일반 민중의 입장을 잔잔히 대변하고 있다는 점에서 소중한 연구대상이다.

현재 우창한 선생은 팔순의 고령에도 불구하고 오랫동안의 철저한 자기 관리를 통하여 양호한 건강상태를 유지하고 있으며, 일체 술, 담배를 하지 않으면서 일제 강점 당시 비교적 높은 수준의 교육(농업학교 졸업)을 받았기 때문인지 구체적인 당시 실태와 생활상도 잘 기억하고 있다. 뿐만 아니라 틈나는대로 자신의 경험담을 대학노트에 차분허게 작성하여 놓았다.

배우자인 전호분 여사도 영월의 소지주 집안의 딸로서, 친 오빠가 30년대 말 영월화력발전소가 설립되자 오랫동안 봉직했고 부사장까지 역임하였다. 그래선지 농지개혁과 당시 생활상에 관한 다양한 기억을 구술하고 있다.

(그림) 우창한 선생의 친필로 쓴 징병당시 자술문 일부- 태평양전쟁 당시 청진으로
징병되던 시기에 대한 묘사 부분, 왼쪽 아래가 환송의 노래, 오른쪽이 징병지까지
가는 여정을 소개하고 있다.

대체로 본 저작은 우창한 선생 개인의 삶을 다루었지만 개인적 이력
뿐만 아니라 당대 국민의 일반적 생활과 삶을 이해하는 데 기여하는
방향에서 서술되었다. 이에 독자들은 다음의 몇 가지 점을 주목한다면
좀 더 생생한 당대의 실상을 이해하는데 도움이 될 것이다.

먼저, 이 저작은 우창한 선생의 일제 말기 징병과정을 통하여, 해방
직전 일제에 의해 자행된 다양한 학도동원이나 징병 과정과 조선북부
에 주둔하는 조선군 실상과 징병자의 애환 등의 상황을 밝히고자 했다.
더불어 해방 전후의 북한 모습이나 풍경, 남한 사람에 대한 배려, 김구
및 이승만 관련 이야기, 김일성 부대의 침투 소문, 소련군과의 격전,
소련군의 만행이나 조선인들의 기지 등도 함께 담고자 했다.

둘째, 해방 이후 6 · 25까지 영춘 국민학교 교원으로서 그리고 농사교도국 직원으로서 영월군 산업과 작물계장과 영월 금융조합 식량계 직원으로서 활동하며 보았던 당시 한국의 경제사정과 배급 및 공출 관련 경험을 복원하고자 했다. 이것을 통해서 해방 당시 여러 직업군들의 실태와 노동자의 애환 그리고 거시적으로는 당대 사회 말단 조직의 작동 실상을 이해하고자 했다. 아울러 신탁통치 반대운동과 남로당 가입과 보도연맹원으로서 느꼈던 당시 남한 지역에서의 정치동향과 이념적 편향, 반공주의의 단면도 살피려했다.

셋째, 6 · 25직후 북한 치하에서 북한 정치공작대의 활동과 보도연맹 학살에 대한 보복, 영월군 인민위원회 식량계에서 경험했던 미곡 공출과 수송의 실상 그리고 인민위원회의 조직이나 북한당국과 현지 인민위원회와의 관계, 토지개혁의 실상이나 현지의 토지개혁 반대운동 등도 살피려 했다. 이에 당시 남북간의 처절한 살육과 삶의 공포, 생생한 영월지역의 빨치산 활동, 영월화력의 역할, 미군의 융단폭격 상황, 대규모 양민 학살 상황, 북한의 허울뿐인 토지개혁 내용, CIC(방첩대)의 만행과 각종 남북 양군의 패륜적 비인도적 행위 등이 생생하게 드러날 것이다.

넷째, 한국의 공무원이면서 인민위원회에 소속되어야 했고, 한국 국군 지원과 인민군 지원이라는 이중적 삶을 강요당하던 당시 일반 민중의 비애를 확인하고자 했다. 그것은 결국 남과 북 어느 한쪽으로도 오도 가도 못하는 신세를 말하는 것이었고, 그 대가인 경찰과 CIC의 파상적인 탄압 아래서 생명을 이어가기 위해 온갖 번민을 다해야 했다. 무엇보다도 부역자라는 꼬리표로 오늘날까지 삶을 옥죄였던 여러 억울한 사연을 접할 수 있을 것이고, 특히 부역자들이 당했던 심적 육체적

고통을 일부나마 이해하는 기회가 될 것이다.

　다섯째, 엽연초 조합시절 한국담배의 재배 농촌지도원으로서 근대적 엽연초 재배기술의 자립을 위해 노력했던 젊은 공무원으로서의 활동내용과 소감 등을 살필 수 있었다. 특히 담배 및 각종 채소 재배에서 종래의 재배법을 넘어 개량 말칭재배법을 성공하고 비닐피복재배법을 개발하여 농가의 수지를 높였다는 기쁨. 나아가 한 사람의 기술인으로서 조국의 근대화에 일조했다는 자부심과 열정, 박정희 정권에 대한 본능적 호감이나 그 측근인 차지철과의 묘한 인연 등을 흥미롭게 읽을 수 있을 것이다.

　요컨대 이 책은 가장 평범한 조선인이 겪었던 가장 비범한 이야기이다. 우창한 선생은 한 사람의 일본인이자, 조선인 그리고 한국인으로서 세 나라에서 각기 다른 모습으로 살았고, 태평양전쟁과 6·25전쟁 그리고 한국의 근대화 과정에서 사선을 넘나들며 아우성치면서 살아남고자 혼신의 힘을 다했다. 그리고 그 아픈 기억이 고스란히 역사적 기억으로 남아 81세의 고령에도 불구하고 너무나 뚜렷하게 회상으로 다가온다. 그러므로 이 책을 읽는 여러 독자들이 역사의 경계를 넘어 격정의 세월을 살았던 우리 한국인의 구체적인 모습을 체험하는데 큰 도움이 될 법하다.

이 책을 만들기까지

이 책을 만들기까지 십여 년의 세월이 흘렀다. 처음 이 책을 시작할 때는 우창한 선생이 아직 청력이 그런대로 괜찮아서 많은 것을 묻고 반복할 수 있었다. 그동안 선생이 살아오면서 겪었던 그 많은 이야기들을 그저 옛날의 지난 기억을 회상하는 정도에서 그치는 것이었다. 지금이야 흥미롭고 인상 깊은 과거 이야기였지만 몇 년 전만해도 나와는 아무런 상관없는 그야말로 다른 사람의 옛이야기이거나 넋두리였다. 하지만 듣고 정리하면서 그 소중한 경험이 그저 통계나 관변 자료에 심취해서 그려내었던 근현대사의 그 모습보다 훨씬 생생하고 나름의 인과율이 뚜렷한 사실을 발견하게 되있다.

구술 녹취 장면(2006년 4월 26일)

지난 날 단편적으로 들었을 때는 황당했으나 체계적으로 듣고 나서는 이것이야말로 살아있는 역사라는 감동을 느끼기에 충분했다. 물론 감추고 싶은 과거도 있으며, 말하기도 참담한 인생역정을 다시 들추어서 무엇에 쓰겠는가 하는 주위의 반문도 있었다. 그 보다 더 안타까운 것은 이런 가슴 저미는 기억들이 그리고 삶의 애환들이 나아가 구석구석 생사의 고비에서 살아남고자 애쓴 그 모진 기억들이 오히려 오늘에 와서 후손들에게 애써 외면되고 그저 노인네 신세타령 정도로 보이는 것이다.

인간의 지평이 그리고 인간 존재의 심연이 무엇인지는 전능한 신만이 알 것이다. 우리는 어쩌면 그 존재와 이상 그리고 추상과 구체의 어느 한 쪽에 치우친 극단의 존재가 아니라 살면서 고민하고 이상을 추구하면서도 현실에 발을 붙이고 사는 인간일 뿐이다. 이념만을 위해서 혹은 현실만을 위해서라는 특정의 종교적 감성만을 '인간적'이라고 표현하는 그 어떤 언사에도 나는 반대한다. 왜냐하면 우리는 요동치는 시공간의 축에서 그리고 이념과 현실, 구체와 추상의 양극 사이 어느 한 점에 존재하는 '중간지대의 인간'이기 때문이다. 바꿔 말해 수학적 좌표로 표현할 수없는 요동치는 시공의 축 안에 존재하는 것이다

이 책을 읽는 많은 사람들은 우창한 선생이 남긴 그 역사적 경험에 대한 사실적 이해를 주로 주시할 지도 모르겠다. 하지만 그 사실이란 어쩌면 우창한 선생의 언어와 사고 속에서 재구성된 과거라는 점을 잊지 말아야 한다. 즉, 선생이 느끼고 말했던 모든 과거가 모두 역사적 진실이라고 말할 수 없다. 자신이 느끼던 그 현실조차도 역사의 요동치는 시공간축의 어느 한 좌표에 있지만 늘 그 좌표는 다양한 환경적 요소로 흔들려 식별이 어려운 처지에 있다.

하지만 그러한 재구성된 삶의 정리가 오히려 강요된 사실확인(실증)

보다 중요할 때가 있다. 이 방식을 통하여 우리스스로 재구성하고 싶은 우리 삶과 비로소 대화를 나눌 수 있을 것이다. 과거 사실이란 그저 지난 사실일 뿐이기 때문이다. 재구성된 어느 개인의 경험체계와 다른 영역에서 역사상을 재구성한 의미체계가 역사라는 이름 아래 공정하게 만나는 것이 바로 경험적 구술의 역사화 과정이라고 본다. 그래야 좀 더 진실에 가깝게 경험을 이해할 수 있을 것이다.

기억도 재구성된 자기 경험이기에 실제 다양한 개별적 경험의 총합은 전체적인 역사적 체계와 일치되지 않는 경우가 더러 있다. 왜냐하면 개별적 삶 자체가 일원적이지 않기 때문이다. '우연한' 개별적 역사는 언어와 각종 부호 그리고 상징을 통한 자기변환 과정과 기억의 재구성을 통하여 '필연적' 체계 속으로 자리매김하게 되는데 그때 비로소 개인적 경험은 역사가 된다.

한국 근현대사의 격동과 거기서 파생된 삶의 모순에서 방황하던 우리 한 사람의 한국인에게서 모든 역사의 진실을 들었다고 할 수 없으며 그것을 의무지울 수는 없다. 그럼에도 그러한 요동치는 삶에서 우리는 단순한 사건의 총합 그리고 경험의 복원이 아니라 소중한 우리 삶의 체계와 삶의 질서 그리고 삶의 격동을 이해할 수 있을지도 모른다.

또한 그래야만 오늘날 우리 역사가 당면한 중요한 장애물이 어느 정도 제거될 것이다. 즉, 종래 역사학이 품어내던 거대 담론 위주의 거시사(巨視史)의 식상함이 커져가는 현실과 반대로 개별성과 특수한 모습의 '실체'를 강조하는 미시사(微視史) 연구가 점차 힘을 얻어가고 있다. 이 부적절한 현실을 바르게 극복할 대안이 무엇일까.

미시사는 거시사의 대안으로 존재할 때 그 또한 또 다른 종교적 감성이고 염원의 역사학일 뿐이다. 왜냐하면 거시사와 미시사의 양극단에는 역사가 없기 때문이다. 그런 사람이 없기 때문이기도 하다. 따라서 흔들리는 거시사나 반항적인 미시사의 관계는 서로 대안이라 주장할 것이 아니라 서로 공존할 수 있는 연구 방법론을 추구하는 것에서 함께 해야 한다.

그렇다고 이 저작은 개인의 경험을 확대해석하여 거시사에 맞추는 것도 아니며, 거대한 염원을 가지고 어느 개인사를 완전히 재구성하여 새로운 역사로 창조하려는 것도 아니다. 오직 한결같은 마음이 있다면 개별적이며 임의적이고 우연적인 성향이 강한 개인의 역사를 '전체적 체계' 속에서 재구성하고 그것의 인과율을 보다 분명히 드러내려는 마음이다. 미시사가 그저 신변잡기로 비춰지 않으려면 전체사의 체계 속에서 개성을 발휘할 필요가 있고, 반대로 개인사를 전체사의 부산물로 맹목적으로 치환해서도 안된다. 이것이 진정한 공존의 역사학을 작동하는 변증법적 이성(理性)일 것이다.

어쨌든 거창한 고민에도 불구하고 제대로 필자가 꿈꾸는 구술사의 모습을 얻기에 충실한 준비가 되었는지 생각할 때 아직은 부끄럽다. 그럼에도 본 구술역사는 여러 경험의 속박에서 자유롭지 못한 한 시대의 어른이 후손과 불완전하나마 대화를 나누게 되는 중요한 수단이 될 것이다. 고전의 자구(字句)는 개별적으로 현실에 맞지 않지만 큰 틀에서 체계적인 삶의 지속적인 안식처가 된다는 사실과 같다.

구술사라고 하지만 단순한 경험자의 이야기를 그대로 기술한 것이 아니라 오랜 인터뷰와 사실 확인 작업 및 자서전 서술과정을 거쳐서 재구성된 역사이다. 그렇기에 우창한 선생이 생각하는 것과 다를 수도 있는 새로운 역사가 될 수도 있겠다.

이 책을 만들고자 구술과 사실 확인을 하기 어언 십여 년. 마침내 책을 내게 된다는 사실이 가슴 벅차다. 이 책에 실린 그 수많은 사람들의 족적을 일일이 밝혀내었으면 하는 바람이 컸지만 현실적으로 그것은 불가능했다. 그럼에도 그 어느 전기나 전집보다도 구체적으로 일반 한국인의 삶을 다양한 측면에서 담아 보려 했다는 점에서 의미가 각별할 것이다. 혹시 이 글을 통해서 상처를 받는 사람도 있을지 모른다. 하지만 우창한 선생이 진정 바라는 것은 다시는 그런 아픈 역사가 재발하지 않고 평화롭게 남북이 공존하고, 사회 각 계층이 서로의 적대적 이해관계를 넘어 중첩적으로 합의하며 공영하는 그 모습일 것이다.

이 글을 쓰면서 글쓰기의 시점(視點)을 어디서 잡을 지 고민하였다. 역사가로서 역사적 경험자를 객관적으로 보기 위해선 3인칭 기법을 써야 했지만 언젠가 님웨일스, 김산의 공동저작인 『아리랑』을 읽었을 때의 현장감을 여기서도 보여주기 위하여 1인칭 기법으로 썼다. 그리고 그 1인칭으로 나타난 모든 사실에 대한 판단은 우창한 선생과 필자가 오랜 세월 대화하면서 합의되고 공유된 사실이고 판단들이다. 그래서 개인적 구술에서 출발했지만 이제는 여러 교양인들이 공감할 만한 역사서로 소개하려는 것이다.

그러니 독자 여러분들은 이 책은 어떤 평범한 조선인의 비범한 삶을 보이는 자서전이면서 동시에 우리 근현대사의 흐름에서 어느 개인을 파악하려한 역사서라는 사실을 알아주었으면 한다. 즉, 개인의 창의적 발상을 가미한 소설이나 개인의 과거사를 합리화하고 과잉해석하려는 창작물이 아니라는 점이다. 개인적으로는 아픈 기억이라 할지라도 그대로의 사실을 과학적인 인식과 연구를 동원하여 가능한 왜곡 없이 복원하면서 서술하였다. 그리고 그 목적은 개인 삶의 단순한 회고나 정당화가 아니라 우리 후손들에게 진실에 가까운 역사적 경험과 지혜를 있는 그대로 보여주기 위한 것이다. 그래서 자서전이 아니라는 것이다.

이 책을 만들기까지 여러분이 도움을 주셨다. 이미 작고하신 우창한 선생의 넷째 형님 고(故) 우계홍 선생께도 깊은 감사를 드린다. 생전에 궁금한 점을 깊이 있게 알려주시고, 필자가 박사논문(『일제말 조선공업 정책과 조선인 자본의 동향』, 1997)을 작성할 때 전체적인 40년대 식민지 실상을 그려나가는데 큰 도움을 주셨다. 언젠가 그 분의 일대기도 집필하려 했으나 나 자신의 삶이 급해서 그 뜻을 이루지 못했다. 이제 우계홍 선생이 돌아가신 다음 그 안타까움만 커질 뿐이다. 그나마 동생이신 우창한 선생의 폭넓은 기억 속에서 그 분의 연대기가 어느 정도 복원되었기에 다행스럽게 여긴다.

아울러 자료수집에 협조한 우창한 선생의 부인 전호분 여사와 아들 내외인 우승효 · 강미란 부부께도 감사드리며, 편집을 도와준 내 제자 한민회, 신미순 그리고 조카 허유미에게도 감사드린다. 국사편찬위원회의 장용경 선생님과 김재원 기사님께도 감사드리며 무엇보다도 아픔의 역사를 넘어 지금껏 기억을 남겨준 모든 분들께 깊은 감사의 마음을 보낸다. 끝으로 이 책을 내는데 도움을 주신 도서출판 국학자료원의 임직원들께도 감사를 전한다.

2006년 8월 30일 죽전 법화산 기슭에서

김인호

❦ 이 글을 읽는 젊은 사람들에게

죽은 사람의 시체를 이리 굴리고 저리 굴리면서 씻어주고 받은 독일 파견 간호사의 월급, 수백 수천m 지하에서 광석을 캐어 낸 독일 파견 광부들의 월급을 담보로 경제건설의 토대를 마련한 위정자 그리고 수출 1억 달러 달성이라는 메시지, 우리도 한번 잘살아보자는 박대통령의 새마을 노래를 소리 높여 부르며 쉬지 않고 불평 없이 묵묵히 일해 온 세대. 오늘의 경제적 번영을 가지고 오게 한 이들의 노고를 생각하며 앞을 바라보며 전진하는 세대들이 되었으면 하는 기대가 간절하다.

－2006년 원단에 우창한

경험했다고 모두 역사적 진실은 아니다. 경험이란 겪은 사람이 자의든 타의든 남기고 싶은 재구성된 기억이기 때문이다. 그래서 경험은 역사를 만나야 비로소 생명을 얻고 진실성을 획득한다. 그래서 이 책은 경험의 복원을 넘는 진실의 기억이다.

－2006년 원단에 김인호

소백산 형제봉이 보이는 곳

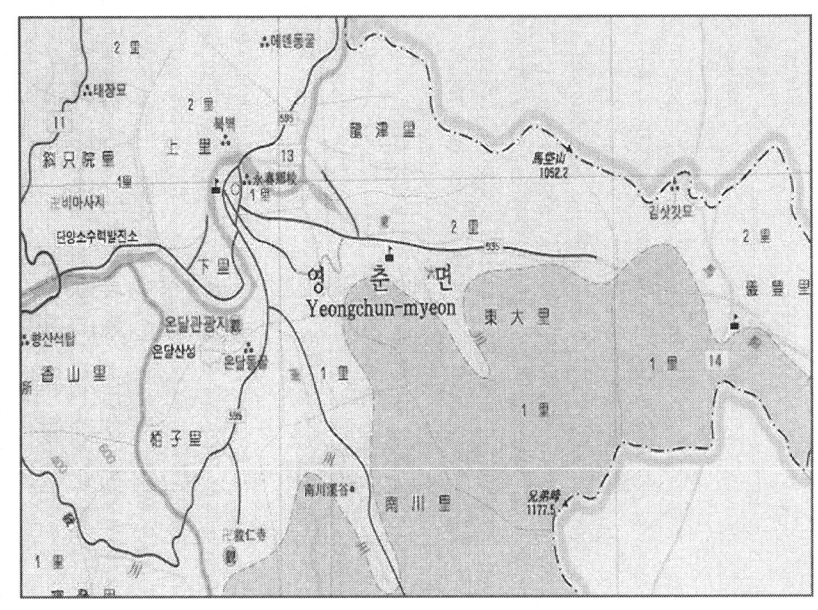

충청북도 단양군 영춘면 지도

♌ 소백산에 살기까지

1925년 9월 1일(음력 7월 14일) 충청북도 단양군 영춘면 하리 402번 지에서 초가삼간에서 태어났다. 이 집은 소백산의 신선봉, 형제봉이 내려 보이는 산기슭에 자리 잡고 있었다. 소백산은 한반도의 등뼈와도 같은 태백산맥의 줄기가 서남쪽으로 뻗어내려 강원도, 충청도, 전라도와 경상도를 갈라 큰 산계를 이루는 소백산맥의 한 자락으로 영주 분지를 병풍처럼 둘러치고 있다. 우리 집안의 원래 정착지는 경상북도 상주였으며, 거기에는 아직도 조부 조모의 산소가 있다. 어머니가 출가하였을 당시에는 안채 바깥채를 합하여 수십 간에 달했다고 한다.

소백산의 운해

본관이 단양 우(禹)씨인 것과 연관하여 볼 때 우리 집안은 단양에서 오랫동안 살았던 우씨 토반의 한 갈래로 여겨진다. 단양 우씨의 시조는 우탁 선생인데, 단양군 적성면 품달천에서 출생하였다고 한다. 우탁은 고려 문신으로 자는 천장. 탁보, 호는 역동, 익호는 문희, 본관은 단양이다. 고려 원종 4년(1263년) 출생하여 충혜왕 3년(1342년) 세상을 떠났다. 그래서 단양 우씨들은 우탁을 역동할아버지라고 부르며 존경한다.

우탁 선생이 탄생해서 3일만에 울기 시작하여 그치지 않았다. 집안과 마을 사람들은 아기가 잘못 되었다고 수군거렸는데 노승이 지나가기에 물어보았더니 "그 녀석 벌써부터 주역을 외우고 있구먼. 큰 인물이요" 라고 했다. 그리하여 보름 후부터 울음을 그쳤다는 설화가 전한다.

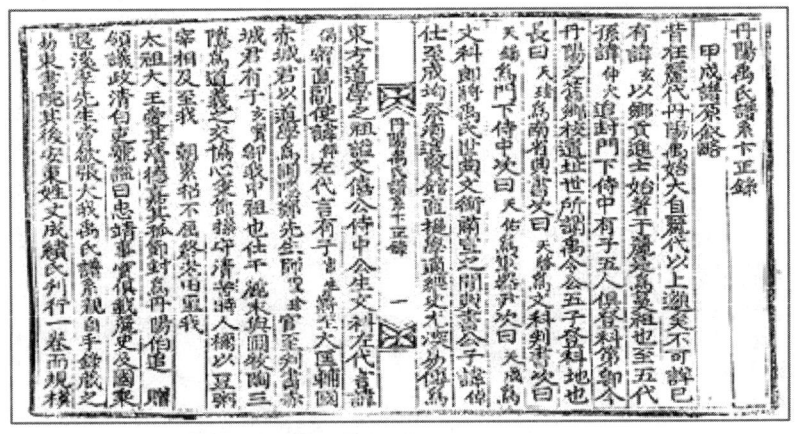

단양우씨 보계변정록- 단양우씨 충정공(忠靖公)의 후손들이 계통을 바로잡기 위해 편찬한 목판본인데 그것을 영인한 것이다.
經史에 능하였고 易學에 깊었으며 程朱學이 우리나라에 들어왔을 때 제대로 파악하는 사람이 없어 선생이 연구 해독하여 제자를 가르쳤다.

우탁 선생은 고려 충렬왕 16년(1290년) 문과에 급제했다. 1308년 37세로 감찰규정 자리에 있을 때 왕이 선왕(원종)의 후궁과 가까이 지남에 흰 옷에 도끼를 메고 왕 앞에 나가 상소한 일은 유명하다. 당시 신하들이 왕의 노여움을 살까 두려워 아무도 그 상소를 읽지 못했는데 왕이 깨닫고 다른 신하들을 꾸짖었다고 한다. 그 후 벼슬을 버리고 경상도 안동 땅에 은거했다고 한다.

선생이 정4품 사인(조선시대의 시관과 유사한 벼슬) 벼슬을 한 다음 고향 단양 사인암에서 산수를 즐기면서 후학 양성에 힘쓴 곳이라 현재도 마을 이름이 사인암이다. 특히 역학에 조예가 있어 중국 황제도 인정하였다 한다. 중국의 학자들과 토론할 때 중국인들이 '易을 東으로 옮겨갔다' 감탄하였기에 후세에 역동선생이라 불렀다. 선생의 묘는 안동 정정리에 있고 적성면 하리와 대강면 사인암리에 유허비가 있고, 애곡리에는 사당이 있다.

조부에 관한 이야기부터 하면, 조부는 500석 정도하는 지주였다. 한 마지기에 대체로 한 석 정도의 수확을 추정한다면 약 500마지기 즉, 약 7만 5,000평 정도의 농토를 소유한 것으로 추정된다. 물론 이러한 추정은 한마지기(경상도 지역은 150평)에 한 석정도의 소출을 기준한 것이기에 정확하지는 않지만 대체적인 소유지의 규모를 알게 한다.

조부는 이러한 부를 기반으로 앞마당에는 연못을 파고 복판에 정자 각을 지어 오가는 풍류객들이 모여 자작 시조와 시를 읊으면서 세월 보내는 유랑인들에게 식사와 술을 대접하는 것을 중요한 일과로 삼았다. 집안에서 일하는 사람이 떠날 때는 그간의 노고를 치하하는 뜻에서 땅문서(지금의 등기서류)를 하나씩 주었다. 대체로 갑오개혁 이후 신분제 개혁이 본격화되면서 그 영향을 받은 것이라 보이지만, 개별적으로는 유교적 선행 의식이나 지주적 온정의식이 이런 행동을 낳게 한 것은 아닌가 한다.

어머니가 들어온 지 10여년 만에 그 많았던 땅문서가 하나도 없이 사라졌다. 일단 전해지는 이야기는 이웃과 일꾼들에게 베푼 결과였다고 한다. 사실 지역 유지의 삶이란 끊임없이 주변사람에게 베풀어줌으로써 이른바 행세를 할 수 있었다. 그것이 당대로는 부를 쥔 사람의 도덕적 책무이기도 했다.

모든 것이 다 없어지자 비로소 그 때 조부의 말씀이 "벌써 다 떨어졌는가?" 하는 말이었다고 하는데, 그만큼 아쉬움 없이 태연하게 물었다는 이야기는 사실 여부를 떠나서 그분이 인정이 많았다는 사실을 반증한다. 그 후 조부는 별세하였고, 집안 살림이 어려워지자 아버지는 빈손으로 가족과 함께 영춘으로 들어왔다. 왜냐하면 이곳이 바로 아버지의 외가. 즉 나의 진외가가 있는 곳이었다.

♌ 어려운 살림살이

가계가 곤궁하여 큰 형인 우창홍(禹昌弘; 1901년 생, 64세에 작고)이 9세 때부터 츠카모도(塚本) 양조장의 땅 2,250평 정도의 토지를 소작하였다. 거기서 얻어진 것으로 부모님을 비롯하여 5형제(1940년에 돌아가신 누님 한 분이 있었다)가 생활했다. 당시에는 농약이 없어 이화명충 등 병충해가 심할 때는 50%이상 말라 죽었고 100평당 1가마 정도의 수확량이면 보통작 정도였다.[1] 소작농에 물리는 고율의 소작료[2]를 제외하면 농가에서는 매년 1월이면 절량(양식이 떨어지는 것)되는 것이 일상사였다. 풍흉을 막론하고 소작료를 가감하는 일은 없었으니 당시 지주들의 인간성을 짐작케 한다.

츠카모도는 한때 단양경찰서 순사부장을 하던 사람으로 양조장을 경영했는데, 여기서 돈을 많이 벌었다. 나중에 암을 앓아서 사망했고, 유해는 화장되어 일본으로 돌아갔다. 내가 영춘 공립 국민학교에 재직할 때(1945.4~1948.2) 그의 아들을 가르쳤기에 학부형인 셈이다. 당시 조선인 지주는 풍흉을 가리지 않고 소작료를 거두었는데 일본인 지주는 참작해서 소작료를 감해주기도 했다. 솔직히 일본인 지주가 좀 더 인간적인 경우가 많았다.

---

1) 변용수(1924년생, 경남 거창군 가조면 출신) 선생의 증언에 의하면, 1930년대 경상도 거창 지역의 소출은 한 마지기(200평)당 세 섬까지 나오는 것을 보았다고 한다. 이것으로 비추어 영춘 지역에서 100평당 한가마니 정도 생산되었다고 하는 것은 비슷한 시기 지역별로 큰 생산력의 격차가 있었다는 사실을 반영한다.(국사편찬위원회 구술사 연구, 「한국 근대 신문기술의 산증인, 변용수」, 2006.7.25, 제1차 구술).
2) 대체로 1930년대 이전에는 수확의 60%정도의 소작료를 내었고, 종자나 볏짚조차도 바쳐야 했다. 기억에는 쌀로 낼 때도 있고, 벼로 낼 때도 있었다. 그것은 지주의 배려에 달려있었다.

또한 우창홍은 간혹 중개업을 통해서 구전(口錢)을 벌었으며, 한때는 일제의 금지금(金塊) 확보를 위한 산금증산계획이 활발해지면서[3] 한강변에 사금채취업이 성황을 이뤘다. 그때 우창홍은 거기서 일을 했고, 하루 60전 정도의 임금을 받았다.

1938년 당시 김제 월천광업소 사금채굴현장 (『동아일보』 사진100년)

대개 1924~5년 이후 태평양전쟁 전까지 조선에서 사금채취사업이 활발했던 것으로 보인다. 채취방식은 주로 봄의 여가기간을 이용한 계절노동형태였다. 일본식으로 말하면 '반농반노'였다.[4]

---

3) 1차 세계대전 뒤 각 나라는 통화가치·환시세의 안정을 위해 적당한 수준의 금보유고를 유지하는 정책을 실시했다. 금 부족에 대한 대책으로는 금의 증산과 정부에의 집중, 금수출입의 제한 등의 정책을 썼고, 금 유입과다에 대해서는 금불태화(金不胎化)정책이 취해졌다. 1932년 일제는 조선에 대해 연산 1억 원 계획의 적극적인 산금장려를 했고, 다시 1937년에는 중일전쟁 발발로 전비가 크게 확장되자 군수품 수입을 위한 대외 금 현송이 필요해졌다. 이에 1938년부터 산금 5개년계획을 수립하는 한편 조선산금령을 공포했는데, 이후 조직적으로 금현송을 위한 사금 채취산업이 확대되었다. 그러나 태평양전쟁시기에는 엔블록이 확립되면서 금증산 계획이 약화된다.

	마을 이름	리수
봉화면	덕상, 북상, 북하, 상방, **중방**, 하방, 의중방, 현천, 중도, 삼곡, 대잠, 가산, 회산, 별천, 양당, 고평, 두항, 장회	18
금강면	수초, 마조, 용부원, 당동, 장현, 장림, 후곡, **노동**, 천동, 기촌, 고수, 금곡	12
대흥면	천동, 마조, 무수천, 신구, 울산, 덕촌, 황정, 방곡, 직티, **사인암**, 괴평, 두음, 성금, 미노, 사동, 장정	16
적성면	애곡, 현곡, 하진, 상, **하**, 성곡, 기동, 각기, 소야, 대가, 상원고, 하원곡, 파랑	13
매포면	도담, 상괴, 하괴, 매포, **안동**, 상시, 하시, 영천, 가평, 삼곡, 고양, 별곡, 도전, 상진, 어의곡, 우덕, 평동, 도곡	18
영춘면	오사, 용진, 동대, 의풍, **상**, 하, 백자, 남천	8
가곡면	여천, **가대**, 덕천, 사평, 대대, 어의곡, 보발	7
어상천면	김산, 자작, 연곡, 석교, 대전, **임현**, 덕문곡, 방북, 심곡, 율곡	10
차의곡면	유암, 사이곡, **만종**, 별방, 장발 사지원, 향산	7

일제하 단양군 지역 행정 단위 명칭, 단양군사편찬위원회, 『단양군지』, 2006.

그 당시는 우리만 생계가 어려웠던 것은 아니었다. 많은 사람들이 칡뿌리 소나무 껍질 등을 캐어서 겨우 보릿고개를 넘겼으니 지금의 북한 실정과 별반 차이가 없었다. 어머니는 봄여름으로 소백산에 산나물 채집으로 그나마 가계를 도왔다. 저녁식사는 죽으로 이어갔으며 죽도 모자라서 어머니는 솥을 부신 물을 마시면서 저녁을 대신하기도 했다.

---

4) 1920년대 아직 공업이 발전하지 못하고 지주제가 강고한 상황에서 농촌의 상대적 과잉인구는 증가하고, 영세 소농이 확장되면서 이들 계층에서 농사로는 도저히 가족의 생계를 유지하지 못하자 건설공사장이나 각종 노동시장에 계절제로 출가하여 노동하는 경우가 많았다. 출가형노동자라고도 하며 20년대 노동자의 절반 이상이 이들 반농반노 계층인 것으로 조사된다.

♌ 유년시절

네 살 때의 일이다. 혼자 놀다가 세탁에 쓰는 양잿물(수산화나트륨)을 만지던 손으로 가슴의 가려운 곳을 긁어 심한 통증에 시달리다가 어머니에게 업혀서 달램을 받았다. 그 어린 시절 기억이 지금도 생생한 것을 보니 당시 얼마나 고통스러웠던가 생각하게 된다. 지금까지 몸에 남아있는 흉터는 사진이나 다른 무슨 자료보다도 생생하게 당시의 기억을 떠올리게 하는 귀중한 사료이다.

다섯 살 때 홍역에 걸렸는데 당시에는 별다른 치료법이 없었다. 혹시라도 바람을 쏘인다거나 문구멍으로 밖을 보려고 하면 눈 주위가 곪는다고 하여 형님들이 5전이나 10전(중앙에 구멍이 있음)짜리 은전(銀錢)을 꿰어 목에 걸어주기도 했다. 그래서 바깥을 보는 일이 없이 나을 수 있었다. 완치되자 곧바로 400m정도에 있는 상점에 한걸음에 달려가서 과자, 사탕 등을 사서 먹었다. 당시 쓴 돈이 2원이었으니까 꽤 많은 돈이었다. 그때 100매짜리 노트 1권에 3전 정도였고, 쇼와(昭和)연필 두 자루가 1전이었다.

여섯 살(1930년) 때 이질에 걸려 혈변과 탈장((脫肛-항문이 빠지는 증세)이 나타났다. 그런데 튀어나온 항문을 다 헤어진 짚신을 가지고 들이밀면 탈장이 멈추고 재발하지 않는다는 민간요법이 있었다. 그 방법으로 나온 대장을 밀어 넣으니 일단 다 나았다고 하지만 지금까지 그 후유증이 있다. 의학이 발달하지 않는 시기 전통 민간요법은 그렇게 인간을 자연화하면서 심적인 안정에 의해 병을 치료하는 방법으로 널리 퍼져 있었다. 또한 이질에 걸릴 때 매운 고추장을 많이 먹으면 완치된다고 하여 그 병을 대수롭게 여기지 않았다. 그러나 이질은 당시 일본인이 걸리면 100% 죽는 것으로 알려졌다.

이때(1931년) 단양·영춘 간 도로 1차선이 개통되었다. 이 길은 이전 1925년 12월 13일 단양팔경 유람도로와 1936년에 개통된 단양 영주간 도로와 함께 영춘 지역을 지역적 고립에서 벗어나게 해주었다.[5] 도로의 완공으로 전통적인 남한강 수운 체계는 약화되고 대신 도로를 이용한 육운 체계가 강화되었다. 이때 등장한 것이 버스 겸 택시였다. 영춘도로를 달리는 이 차의 모습이 아련한데, 이 차는 요즘의 버스와는 달리 호로를 덮은 차(차 뒷부분을 호로로 덮어서 승객을 태움)였는데 운전수 포함 5인승이었다. 이용객은 별로 없었는데, 그것은 이런 차를 탈 만큼 경제적으로 풍성하지 않았기 때문이었다. 당시는 10리 정도는 도보로 다니는 것이 일반적이었다. 그런 형편은 그 이후로도 계속되었고, 아마도 5·16혁명 이전까지도 그렇게 다닌 것으로 기억된다.

일곱 살 때 이사를 갔는데 방3, 마루, 부엌, 외양간, 재래식 변소(문은 가마니로 매단 것)가 갖추어진 당시로선 꽤 큰 집이었다. 하지만 그 집은 6·25전쟁 때 폭격으로 몽땅 타버렸다. 이때 친구들과 놀다가 형제를 맺자고 하여 우리 집 골방에서 바늘에 먹물 실을 꿰어 왼팔에 두 개씩 문신을 넣은 기억이 있다. 이렇게 의형제를 표시하고는 휴간지로 가서 자치기를 하며 결의형제의 기념식을 한 것을 지금도 기억한다. 그때의 흔적이 지금도 왼팔에 선명하게 남아 있다.

고향 앞산은 국유림으로 밤나무가 무성했다. 아이들은 밤이 열리면 낫으로 밤나무 가지를 찍어서 땄다. 고향 집 앞에 북한강이 있어 강을 건널 때는 뱃선거(도선료)를 내었는데 밤으로 대신할 때도 있었다.

---

5) 『단양군지』, 2006, 549쪽.

당시 60세를 넘긴 연세에도 어머니는 험한 12km의 고갯길을 넘어 영춘면 의풍리까지 가서서 대추 1말을 사가지고 와서는 초가지붕에 건조시켰다. 그때 나는 집 뒤 뽕나무를 타고 올라가 그중 3분의 1정도를 먹었다. 당시에는 별다른 간식거리가 없어, 밤이나 대추 등이 그나마 먹을거리였다. 어머니가 나를 소띠 해 동틀 때 출산하셨기에 "형제 중 제일 잘 살 것"이라고 입버릇처럼 말씀하셨다. 지금 돌이켜 보건데 그때 어머님 말씀이 참으로 정확했다고 여겨진다.

나는 어려서 큰 형(昌弘)이 키워주셨고, 둘째 형(昌石)이 5년제 중학교(청주 공립 농업학교)까지 공부시켜 주셨다. 둘째 형은 영춘 연초조합에 다니셨고 직위는 기좌였는데, 영춘을 비롯하여 제천, 주천 등지의 연초조합에서 근무했다. 그리고 74세 때 작고하셨다. 그런데 경제적으로 어려운 시절임에도 헌신적으로 도와주셨는데 제대로 보답하지 못한 것이 늘 가슴을 아프게 한다. 학교 다닐 때 넷째 형이 한 달에 5원씩 둘째 형에게 주시면, 둘째 형에게 건네주면 형수를 시켜 내게 학비를 보내왔다.

♌ 무서웠던 넷째 형님

당시 넷째 형인 우계홍(桂弘)은 6 · 25 직전 단양군 영춘면장까지 했기에 고향 영춘면의 근현대사를 손금 읽듯이 잘 기억했을 것이다. 정작 회고록 하나 못 남기고 돌아가셨으니 아쉬웠는데, 최근 『단양군지』에 6 · 25 당시 영춘 지역 피해 실화를 수기로 남긴 것을 발견하고 아쉬움이 조금은 누그러졌다.

그런 형이 어린 시절에는 대단히 내게 모질게 굴었다. 꿈이 컸던 만큼 주변은 냉정하게 보는 것이 사람의 항심인가 보다. 혹시라도 놀다가 집으로 돌아올 때에는 그 형의 동태부터 살피고 들어갈 정도였다. 11살 때 일이다. 넷째 형이 소리를 지르면서 사정없이 때려서 기어가기도 어려웠다. 내가 무슨 잘못을 했는지는 아직도 잘 모르겠다. 그래서 마루 밑으로 숨었는데 그 형이 마루를 부러지라고 구르면서 소리소리 지르니 참으로 숨조차 쉬기 어려울 지경이었다.

그 때 어머니가 "애가 숨도 못 쉬고 죽겠네?" "창한이 죽겠다. 창한이 죽고 나면 이제 누구한테 그럴래?"하고 야단치자 그제야 수그러들어 위기를 모면한 적이 있었다. 한번은 소리를 지르고 때리려고 하여 옆집 부엌으로 도망치다 붙잡혀 집으로 끌려왔다. 그때 당한 정신적 공포와 타격은 이만저만 아니었다. 옛날에 아들 많은 집안에서 항시 있을 법한 일이었다.

넷째 형과 관련된 이야기가 하나 더 있다. 중학교 3학년 여름방학 때였을 것이다. 제천시 금성면 구룡리에 있는 그분 집에 들러 저녁식사를 하는데 국민학교 4학년 국어책에 나오는 한문 한 글자를 물었다.

하지만 어두워서 잘 보이지 않아 머뭇거렸다. 그러자 중학교 3학년이 국민학교 4학년 책도 모른다고 이웃집 젊은 부인이 보는 앞에서 빈정거리듯 말하는 것을 들었다. 지금도 그때 당한 자존심의 상처가 사라지지 않고 있다.

현재의 영춘 국민학교-지금은 옛 모습을 찾아볼 수 없다. 뒤로 태화산 산봉우리가 보인다.

넷째 형은 나중에 제천 금성면에서 특채되어 권업주임으로 있었다. 후에는 영춘면에서 주민직선의 면장까지 했다.[6] 당시(태평양전쟁 이후로 추정) 면서기는 한 달에 30원 정도의 월급을 받았고, 면장은 40원 정도였다. 그리고 국민학교 교원 시절 나는 86원 75전을 받았다.

---

6) 1948년 7월 12일 제정된 제헌헌법에서 지방자치제 실시가 명명되면서 지방 면에도 주민 직선으로 면장을 선출하게 되었다. 이에 넷째 형이 면장으로 선출되었다.

♌ 농촌진흥운동의 기억

8살 경으로 기억되는데 우가키 가즈시케(宇垣一成) 총독이 농촌진흥운동을 전개하였다. 이는 농민의 정신적 자각을 바탕으로 농업경영의 다양화와 부업 장려를 도모하고 부녀 노동을 비롯한 농가의 잉여노동력을 적절히 동원하여 농가 경제를 안정시킨다는 것이었다. 구체적으로 식량의 충실, 가계수지의 균형, 부채의 근절 등의 목표를 세웠고, 농촌진흥, 정신진흥, 자력갱생 등의 구호를 앞세웠다.

이러한 농촌진흥운동의 일환으로 우리 마을에도 양잠이 크게 장려되었는데 우리 집도 사육을 하겠다고 신청하여 누에를 치던 중 뽕잎이 부족하여 어머니가 소백산에 뽕잎을 채집하러 가셨다. 그런데 귀가하다 돌다리에서 넘어져 왼쪽 팔이 골절되었는데 형들은 곁에서 눈물을 흘리고 있었다. 골절부분에 별다른 치료를 못한 채 그저 수건을 동여매고 완치 때까지 놔두는 이외에 도리가 없었다. 당시는 병원이 있어도 그림의 떡이었다. 완치까지 수개월이 소요되었다. 그로부터 1년 후 디딜방아에 보리를 찧으시다가 이제는 방아에 머리를 부딪쳤다. 그래서 된장을 바르고 수건을 동여매 완치시켰다.

이 무렵에는 파리잡이가 크게 장려되어 파리를 잡으라고 하면서 한 사람 당 성냥갑 세 개씩 나누어 주었다. 당시 농촌은 파리가 어찌나 많았던지 밥상에 밥이 보이지 않는 정도였다. 당시 파리 한 곽을 잡아서 주면 5전을 받았는데, 당시 노트가 2전 정도였으나 제법 큰 돈이었다. 그러나 당시 식생활이나 모든 면에서 위생적인 것과 거리가 먼 상황에서 파리잡기는 제대로 될 수 없었다.

당시 농촌진흥운동의 일환으로 농가 매호당 금융조합을 통하여 사과나무, 배나무를 각각 1그루씩 주면서 장래 과실을 수확하여 혼례나 제사에 사용하라고 하였다. 참으로 취지는 좋았으나 성공하지 못하였다. 농촌에 거주하는 모범 청년에게는 금융조합을 통해 융자 알선하여 농지를 매입토록 하여 자립을 꾀했으나 이 역시 실패하고 말았다. 보통학교 학생에게는 부락 단위로 퇴비장 설치 운동에 동원하는 등 전국적으로 퇴비 증산이 전개되었으나 이 또한 실패하였다.

이런 농촌진흥운동을 1936년부터는 미나미 지로(南次郎) 총독이 이어받았다. 그리고 이전의 농촌진흥운동을 농산어촌 국민정신총동원운동, 부락생산력확충운동 등으로 확대했다. 당시에는 농촌진흥, 자력갱생을 선전하면서 '감나무 배나무 사과나무 각각 한그루씩 심도록 하고 이것이 열매 열면 이것을 따서 제사를 지낼 것'을 장려하기도 했다. 이것이 당시 외치던 농촌자급정책의 단면이었다.

그리고 흰 옷은 때가 묻어 자주 세탁을 해야 하기에 경제적으로 낭비라고 하면서 장날 면직원이 먹통과 붓을 들고 다니면서 저고리에 먹칠까지 하며 옷을 염색하라고 하였다. 경제적으로 어려워 황톳물에 염색하는 사람도 있었다.

중일전쟁 이후 종래의 산미증식계획을 다시 부활한 신증미계획이 전개되었다. 이후 일본사람들은 자연비료인 퇴비생산을 독려하면서 마당에 인분과 짚단을 섞은 퇴비를 놓고 있고, 인분을 사용하는 경우가 늘면서 당연히 파리는 극성을 피웠다. 그럼에도 파리를 잡는다고 캠페인을 했는데 해결될 리가 만무했다.

그럼에도 이같은 농촌진흥시책은 일정하게 타당성이 있다고 여겨진다. 당시 총독부는 한국 사람의 습속이 대단히 게으르고 부화뇌동을 잘

하며 성실하지 못하다고 본 듯하다. 그래서 일본 사람들이 항상 하는 말 중에 "반도인은 할 수 없다"는 것이 있었다. 그런데 이상하게도 조선 사람들은 자기 땅을 경작하는 데는 대단히 부지런을 떨었다. 자기 소유지에 대한 애착이 그만큼 컸다는 것인데, 전체적으로 일본인의 시각처럼 조선인은 대단히 책임성이 떨어지는 게으른 민족이었다. 적어도 식민지 시대에는 그랬다는 것이 솔직한 고백이다. "부역에서 땀흘리면 엠병(장질부사, 장티푸스)에 걸린다"는 말은 그러한 당대 조선인들의 생활태도를 반영하는 속어이다.[7]

---

7) 여담이지만, 우창한 선생은 이렇게 부지런하지 않고 책임감이 없는 조선 사람들을 바꾸어놓은 사람이 바로 박정희 대통령이라고 생각한다. "단군 이래 이만큼 뛰어나고 우리나라를 제대로 만들어 놓은 사람은 없다. 그리고 전두환도 과단성 있는 사람이다. 깡패 운동선수 같기에 많은 미움도 받았고 민심도 잃었지만 한강 개발 등의 치적은 높이 평가할 만하다."등의 이야기를 자주했다.

♌ 국민학교 시절

메이지 천황은 대단한 사람이라 보인다. 16세에 아버지를 죽이고 천황이 되었으며 그 때문에 왼쪽 귀를 잘랐다. 다이쇼 천황은 폐병환자였기에 제대로 천황의 임무를 다하지 못한 것으로 안다. 내가 난 이듬해에 죽었다. 쇼와 천황은 지금 천황인 아키히토를 낳기 전에 딸만 셋을 낳아서 문제가 되었다. 그러다 보통학교 1학년 때 1933년 경 황태자가 태어나서 대낮에는 일장기를 들고서 시내를 돌면서 축하 행진을 했고, 저녁에는 등불 행사 등 여러 가지 행사가 있었던 기억이 난다. 특히 우체국장인 일본인 시바가 선창을 하면 초롱[8]불을 높이 들고 '황태자 탄생 만세'를 삼창하였다. 과연 마음에서 우러난 만세였는지는 의문이다.

9세 때 툇마루에서 세수를 하고 있었는데 학생 모집을 하려고 순회하던 영춘 보통학교의 미야모토(宮本) 교장과 조병주 선생의 권유가 있어서 큰 형이 국민학교에 넣어주었다. 그때가 1933년 4월 중순 경이었다. 교과서는 조선어독본, 국어독본(일어) 등이었는데, 학년당 상하 2권이 있었다. 1학년에는 하권부터 조선어, 일어 독본, 한문이 혼용되었으며 6학년까지는 500자 이상을 습득하였다. 아버지는 13세 때 타계하셨는데 그때까지 나에게 아무런 말씀도 하신 적이 없는 것으로 보아 자식사랑이나 인정이 그다지 많은 분은 아니었다.

영춘 공립 보통학교(국민학교) 1학년 때이니 9살이었다. 당시 보통학교 수업료가 월 50전(은전 한 개)인데 그조차 감당할 수 없는 가정이

---

8) 싸리나무로 만든 육각형의 초롱.

대부분이여서 면단위 1개 학교마다 1개 학급인 20명을 채우지 못했다. 그래서 교원들이 가정방문을 하며 취학을 장려하였다. 그리고 어떤 사람은 '왜놈의 글을 배우는 일'이라고 하여 기피하는 현상도 없지 않았다. 그래서 한 개 교실에 2개 학년이 복식 수업하였다. 그리고 오지에는 간이학교(2년제)도 있었는데 학급당 10명을 넘지 못하였다. 민족적 저항의식이 근대적인 의식과 심한 마찰을 빚고 있는 상황이었다. 뜻있는 사람은 근대성을 곧바로 왜색 혹은 식민지성으로 이해하는 경향이 강했다.

1학년 때 갑자기 설사병에 걸려서 밤에 옷에다 설사를 했다. 이튿날 어머니가 냄새와 오물을 지우려 바지를 가마솥에 삶아서 입고 학교로 갔는데, 아이들이 냄새가 난다고 윽박질러 집으로 되돌아간 일이 있었다.

3~6학년까지 담임교사는 일본인 교장이었던 다카시마 도루(高島達)였다. 후쿠이 사범학교 출신으로 다양한 수업방법이나 일본인들의 역사를 소개했는데 거기서 많은 것을 배웠다. 지금까지 일어에 능통한 것도 다카시마 교장의 가르침에 의한 것이다. 다카시마 교장의 수업은 완전 주입식이었고, 학생들이 납득할 수 있을 때까지 최선을 다했다. 그러면서 조선인 면장이나 면서기들의 교만한 태도를 대단히 신랄하게 비판하곤 했다. 혹자는 한국 사람을 멸시했다고 하지만 사실은 그렇지 않다. 있는 그대로의 문제점을 지적한 것이다. 1주일에 2번 정도 4절지에다 한문을 쓰고 그 옆에 토를 달아서 제출하였는데 그렇게 습득하게 한 것은 당시로서도 독특한 수업방식이었다. 덕분에 졸업할 때는 600자 정도를 능통하게 쓸 수 있었다.

학생 수는 무척 적었다. 교장선생님이 마을을 돌면서 취학하라고 권유하곤 했지만 2개 학년이 한 교실에서 복수수업을 할 정도였다.

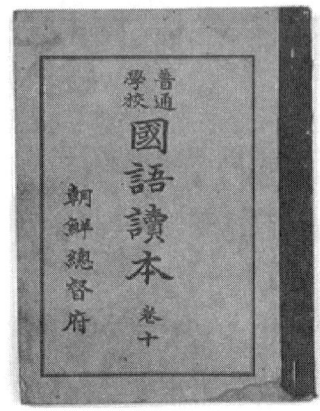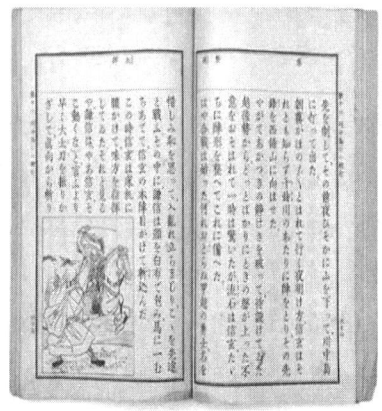

내가 배웠던 조선총독부 발행 1934년판 보통학교 국어독본 권10이다. 10권
은 5학년 2학기용이다. 크기는 15.2cm x 22cm, 138쪽, 내용은 가을, 구름, 농
업실습생의 수지(手紙), 맹아학교참관, 야학회, 조선의 임업 등등 모두 24과
로 구성되어 있다. 각과 본문의 윗부분에는 새로 나온 한글과 한자의 제시,
한자의 읽는 방법을 적어 본문 파악에 도움을 주고 있다.(아리랑 박물관 소
장자료, 강원도 정선)

당시 국어 공부는 한 학기 마다 교과서 한 권씩, 1년에 두권을 가지
고 했다. 총 12권을 공부해야 졸업했다. 어느 날 3학년 국어 시간에
'暗の中'이라는 단어가 나왔다. 조선인 교사에게서 일본어를 배웠기에
그냥 '구라노 나카'라고 읽었는데, 다카시마 교장은 난색을 하면서 고
개를 가로저었다. 그때 나는 어느 참고서에서 그 글을 본 기억이 나서
손을 들고 "그것은 야미노 나카라고 읽어야 한다."라고 하자 뛰다시피
나한테 와서는 "착하지" 하면서 머리를 쓰다듬었다. 그 일로 급우들에
게 선망의 대상이 되었다.

당시 교사들이 주로 국민학교 출신으로 3종 교원시험을 통과하여 교

단에 섰기에 그다지 실력이 좋지 않았다. 3종교원이란 비사범계통의 학력을 가진 사람이 교사로 임용될 경우를 지칭하는데, 사범계 학교는 2종교원이라고 했고, 경성 사범학교 연습과를 졸업하여 교원이 되면 1종교원이라고 했다.

조선어는 보통학교 시절까지 조선어와 일본어를 동일하게 교육하였다. 조선어는 장봉석(張奉石)이라는 조선인 선생님이 가르쳤으나 열의는 없었다. 물론 당시 한문도 조선어로 가르쳤다.

13세 때(1938년 경) 1개면에 소 1두식 종모소에서 종우(種牛)를 보급했다. 마침 우리 집에서 그 소를 사육하고 있었는데 아버지(禹聖九)가 앞서 몰고 가다가 소에 치어 중상을 입었다. 그것 때문에 많이 아프셨고, 1939년 7월 25일(음력)에 별세하고 말았다. 묘지를 선정해야 했기에 지관(地官)을 따라갔는데 거기서 땅을 파던 중 고려시대 접시(고려청자로 추정)가 반 토막이 난 상태로 채집되었다. 이것을 주재소(파출소) 순사부장(일본인)이 강제로 가져갔는데 당시 사람들은 그런 문화재에 대하여 별다른 관심을 보이지 않았다.

장례 후 둘째 형과 아침 4시경 상복과 대나무 지팡이를 들고 아이고 아이고 곡을 하며 승묘(약식 시묘살이)를 하였는데 당시는 양반 집안에서만 하는 상례였다. 수개월이 지난 후 승묘하러 가면서 영춘향교 앞을 지나자 갑자기 형이 뒤돌아서면서 '집으로 돌아가자'고 했다. 돌아와 형이 어머니에 말하기를 가는 길에 이상한 짐승(당시 앞산에는 밤만 되면 여우가 울었다)이 나타나서 돌아왔다고 하였다. 그러자 어머니가 "네 아버지가 너희들이랑 정을 끊으려고 하시는구나. 그러니 이제 중단하라"고 말씀하셨다. 그 일로 승묘를 그만두었다.

영춘향교- 이 길을 지나오면 앞산에서 자주 여우가 울었다. 그래서 승
묘를 멈추었다.

국민학교 3학년(1935년) 때부터 봄부터 가을까지 쇠풀(사료용 풀)을
뜯어 나르는 일이 중요한 일과였다. 5학년 때부터는 선배 윤길선의 아
버지에게서 얻은 어린이용 지개를 지고서 깊은 산중에 '안들'이라는 소
여물을 베러갔다. 어린 나이지만 밤 9시경에 비로소 귀가하였는데 이런
일이 수 없이 반복되었다. 너무 힘겨워 길옆 풀밭에 엎드려서 울기도
하고 지게 목발을 두들기며 한탄한 적도 많았다. 지금도 왼손에는 낫에
벤 자국이 무수히 남아있다.

졸업하고 제천 연초조합에 근무하던 둘째 형 집에 갔을 때 전기 불
을 처음 봤다. 참으로 신기하기만 하였다. 거기서 1개월 머물고 귀가
하였으나 쇠풀 조달 작업은 어김없이 나의 일이었다. 지금도 충북 제천
은 우리나라에서 연초 생산량이 가장 많다. 아마 그때 형이 하는 일을

보았기 때문에 훗날 내가 연초조합과 인연을 맺게 된 것은 아닐까 한다.

5학년 때 7 · 7지나사변 즉 중일전쟁이 터졌다. 당시 북경에는 영국, 독일, 일본 3개국 군대가 주둔하고 있었다. 유독 일본군만이 북경 노구교(마르코폴로 다리) 근방에서 야간 전투훈련을 하다가 중국 장개석 국민정부군과 충돌한 것이다. 일본정부는 처음에는 이를 노구교 사건으로 축소하려고 했다. 그러나 관동군은 계속 확전을 고집하여 이윽고 북지(일본은 중국을 지나라고 지칭)사변으로 더 나가서는 지나사변이라 칭하고 마침내 대동아전쟁 즉 태평양전쟁으로 확대시켰다.

초등학교 시절을 돌이켜 볼 때 12~14세 나무(갈비)도 해 팔고 여름에는 참외장사도 하며 용돈은 스스로 조달하였다. 10리도 넘는 고갯길을 짐을 지고 가서 가가호소 방문하면서 참외를 팔던 그 시절의 이야기는 구구절절하다. 속옷도 없이 저고리와 바지(솜도 넣지 않는)만을 입고 국민학교 시절 6년을 다닌 것을 생각하면 지금도 안타깝다. 당시 자라는 아이들의 보편적인 모습이었을 것이다.

나는 영춘 공립보통학교 26회와 28회, 두 번 졸업한 것으로 되어있다. 가정형편으로 26회에 정식으로 졸업하지 못했다. 그래서 1939년 15세 되던 해의 봄, 영월 월북면 소재 일본 고바야시 계열 광업소 의무실에 근무하는 매형 진준식을 방문했는데 그의 소개로 영월광업소 북경비실 잡무견습생으로 일하게 되었다. 월 12원의 보수를 받아서 그 중 누님에게 식대로 8원을 주고 4원을 용돈으로 썼다. 누님은 그 다음 해에 죽었다.

얼마 후 광업소 본 사무소 용도계로 자리를 옮겨서 근무하던 중 1940년 4월 중순 둘째 형이 집으로 돌아와서 진학하라는 말씀하셔서 돌아왔다. 6학년에 재입학하니 학교 명칭도 보통학교에서 심상소학교로 개칭된 상태였다. 그리고 모든 교과서도 일본 소학교 과정이여서 공부하는데 상당한 부담을 느꼈다. 담임선생님은 청주 고등보통학교(청주중학교의 전신)를 졸업하고 대구사범학교 강습과를 거친 조태진 선생이었는데 과외공부를 시키는 등 상당히 열성적이었다.

둘째 형님이 상급학교 진학을 권유했다. 그래서 어려운 사정이었지만 중학교 입학을 결심하고 1940년 한해 열심히 공부했다.

♌ 자부심으로 청주농업학교에 들어가다

1941년 2월 초순 상업학교 시험에서 적록 색맹으로 불합격되었고 청주 농업학교는 합격했다. 당시 중학교 입시과목은 국어(일본어)와 듣기, 체육 이었다. 시험은 이틀 동안 치러졌고 첫날은 필답고사, 이튿날은 구두시험 및 신체검사였다. 시험방법은 시험관이 읽고는 문제를 제시하면 답을 받아쓰는 방식이었고, 체육은 턱걸이가 있었는데 모두 부담스럽고 새롭기만 하였다.

턱걸이는 처음에 할 땐 한 번도 못하였는데 1년 후에는 23번 가량 할 수 있을 만큼 발전했다. 국어도 어렵기는 하였으나 한해 내내 3~4시간의 잠자는 시간을 제외하고 공부에 열중하였으며 상하권 국어책을 한자, 한획까지 암기할 정도였다. 당시 외웠던 일부분은 지금도 암기하고 있다.

합격성적은 당연히 1등이었는데 중학교 입학내신이 4등으로 나와 있었다. 짐짓 담임선생님이 섭섭하기도 했다. 일본인들이 말하기를 '스승은 클로바(목장의 풀)'⁹⁾라고 하였는데 한국인 스승들은 하나같이 애정을 담지 않은 채 조선 학생들을 가르쳤다는 그런 기분이 남는 것은 무슨 이유일까.

지방에서 청주 정도의 중학교라면 입학하는 일이 하늘의 별따기보다 힘들었다. 물론 당시는 경제적으로 어렵던 시절이라서 학비 문제도 있어 1개 군에 중학생이 2~3명에 불과하였다. 청주 방면 중학교(청중,

---

9) 일본의 어느 노랫구절의 하나로, 스승은 목장의 풀인 클로바라는 말은 학생들을 소에 비유하여 스승은 늘 학생을 위해 희생하는 목장의 클로바와 같은 존재라는 뜻을 표현하는 말이었다.

청상, 청농)라면 각 학교마다 100명을 모집하였다. 일본인은 심사도 없었기에 지원하면 무조건 100% 합격이었으나 조선인의 경우는 보통 5~8 대 1 비율로 경쟁이 심했다. 일시동인, 내선일체라는 식민지 지배 정책 외형과 다른 실질적인 내용이 바로 이러한 차별이었다.

잠시 내선일체에 대해서 말하고 싶은 것이 있다. 총독부의 내선일체 선전 이면에서는 실질적인 내선일체의 노력이 대부분 무시되고 있었다. 물론 일부 기만적 내선일체 관념을 형상화하는 조일학생 공학이나 창씨개명 · 징병제실시, 혹은 제국의회 의원 선출 등으로 선전되고 있었지만 사실상 정책의 본의와는 전혀 상관없는 실질적인 민족차별이 존재하였다. 그러한 일제의 외형적인 민족차별 철폐주장은 앞서 말한 다양한 제스처를 통해 전개되면서 조선인의 자발적 전쟁동원을 이끌어내는 이념적 공작일 뿐이었다. 즉 민족차별의 철폐를 통해 조선인의 자발적 식민지배 복종과 전쟁참가를 촉발하기 위한 정략적 식민지배 논리였다. 일본의 입장에서는 내선일체가 실제 이뤄진다는 점을 끊임없이 선전해야 했다.

어쨌든 경제적 문제도 있지만 단양군에서 중학생이 3명 정도였다고 한다. 여행증명이 있어도 버스를 타기 어려웠는데 중학생은 어렵지 않게 승차권을 구할 수 있는 특혜가 있었다.

♌ 배급에 대한 기억

1941년 2월, 청주농업학교에 합격을 하고 돌아오니 다카시마 교장이 무척 기뻐하였다. 입학하려면 이불, 책상, 책꽂이 등을 준비해야 했는데 이불이나 필요한 재료는 어머니가 대충 준비하였으나 광목은 손에 넣기 무척 어려웠다. 그래서 영춘면 부면장이었던 조병주에게 간곡히 부탁하여 권업계에서 광목 배급표 2장(1필 8마), 양말 한 켤레, 운동화(찌가다비) 등의 구입권을 받아서 어머니의 근심을 덜어드렸다. 무척 기뻐하시는 어머니의 모습이 지금도 아련하다. 당시 권업계라면 전시상황인지라 각종 물자보급, 징용영장 등 중요한 업무를 담당하는 권위 있는 부서였다. 징용영장도 군수 명의로 인원이 통보되면 면사무소 권업계 주임이 발행하였다.

당시는 모든 것이 배급이었다. 옷감의 경우 당시 1필은 40마였는데 광목은 한번에 10마권 혹은 20마 정도를 배급받았다. 광목이 나오면 집에서 물들여서 옷을 지어 입었다. 배급량은 많이 나올 때와 적게 나올 때가 있어 일정하지 않았다. 고무신이나 신발도 배급제였으나 실제의 배급은 물자 부족으로 그나마 이뤄지지 못하는 경우가 많았다. 특히 석유의 경우는 불을 피우기 위해 절실했지만 당시 석유를 담은 소주됫병(1되 들이)이 암시장에서 쌀 1말과 교환되었다.

쌀 배급은 하루 1인당 2홉 5작이었는데, 한 달에 두 번 배급했다. 그런데 모두 쌀로 주는 것이 아니라 콩깨묵도 함께 주었는데, 쌀 3말을 주면 반드시 콩깨묵 3말이 함께 배급되었다. 콩깨묵은 콩기름을 짜고 남은 부산물인데, 이것을 맷돌에 갈아서 콩죽처럼 쑤어 먹었다. 맛이 없어서 겨우 목구멍에 넘길 정도인데 여기에 무말랭이와 김치를 반찬삼아서 먹었다. 옥수수도 배급을 타면 맷돌에 갈아서 수제비 등 대용식이 되었다. 이 시기는 돈은 있어도 물자가 없어서 괴롭던 시절이었다.

실행기관인 배급소는 정부에서 보낸 사람이 아니라 장사하는 사람들이 모여서 국가가 요구하는 배급을 대행하던 곳이었다. 식량배급에는 필연적으로 농민을 윽박지르고 헐값에 곡식을 염출하도록 했다.

전시체제 아래서 한 끼 식사는 대체로 밥 한 공기에 들어갈 정도의 양에 불과했다. 어떤 때에는 도시락까지 먹고 여름철 실습 교련을 감당해야 하였으니 청소년기라서 무척 참기 어려웠다.

당시는 어디를 가나 식당은 영업정지고 상점은 개점 휴업, 그나마 열어도 학용품은 잉크와 펜 정도에 불과하였다. 징병, 보국대, 징용 등 인력부족을 매우기 위해 근로봉사라는 미명하에 진천 수리조합 지역의 모내기나 강외면 지역 노력봉사 그리고 기타 소류지 축조, 김천 경부선 복선공사 등지에 동원되었다. 졸업 전 해인 1944년 12월 1일~20일까지 황간에서 복선공사 근로작업을 하였는데 신발, 양말이 없어 짚신 또는 떨어진 찌카다비(작업화 일종)에 새끼를 칭칭 동여매어서 신고 있던 학생이 태반이었다. 당시 노역은 자갈을 화차에 싣는 일이었는데, 열차간의 고리를 끊어버려 운반기사를 골탕 먹인 일이 있었다. 그 어려운 시절에도 그런 장난을 할 수 있었고, 교사들도 아무런 대가가 없는 노력동원을 달가워하지 않았기에 그런 '장난'에 눈감았다.

경제경찰이 극심하여 암거래도 힘들었으며 여자 배에 바가지를 엎어서 그 안에 쌀을 넣고 가다가 경제경찰에 연행되기도 했다. 멸치 배급을 받으려 여자들이 배급된 멸치가 대가리만 남은 것을 보고 "이 멸치

전쟁터에 갔다 왔나 대가리만 남았어?"라고 말하자 옆에 있던 정보계 형사가 불순분자로 몰아서 연행한 것을 본적이 있다.

당시 발행했던 미곡 배급통장 : 지금의 동회에 해당하는 정회에 가서 이 통장을 발급받아 배급소에서 구입 내역을 기록하고 배급을 받았다. 보통 은 한달에 두 번 정도 배급이었다.

한편 농촌에서는 작물별로 파종 면적이 할당되고 그에 맞는 공출량 이 배당되었다. 벼는 병・해충, 기후 등의 이유로 공출 수량이 부족 한 경우가 많았다. 이에 면서기가 출동하여 쇠꼬챙이로 뒤뜰까지 쑤 셔가며 식량을 강탈하였다. 면화도 실을 뽑는 물래, 베틀까지 마당에 서 짓밟고 파괴하였다. 물론 일본인이 아니고 조선인의 무자비한 소 행이었다.

♌ 농업학교 생활

어쨌든 입학식은 1941년 4월 2일이었고 입학금 155원[10]을 납부하고 오후에는 기숙사(4인 1실)에 들어가 학창 생활의 첫걸음을 떼었다. 우리 기숙사 동에는 실장 4학년생 정영달, 부실장은 2학년 이우경, 동료 학생 어강세 등이 있었다. 실장이나 부실장의 앞을 지날 때는 고개를 숙여야 했다. 혹시라도 잘못하면 거만하다고 기합을 받아야 했다. 사감이 3명이었는데 교대로 숙직하였으며 아침은 5시 기상 6시 점호 저녁 점호는 9시에 사감실 앞에서 실시되었으며 10시에 소등 취침하는 등 군대생활과 동일하였다. 기숙사는 월 5원이었는데, 하숙을 할 경우 그 비용은 10원에서 15원 정도였다. 기숙사 생활이 훨씬 경제적이었다.

4월 3~4일은 교과서, 농기구, 실습복, 실습모자, 일본식 괭이, 부삽, 낫, 검도도구, 총검술용 목검 등을 지급받고 도장을 파서 이름새기기에 여념이 없었다.

4월 4일부터 학업이 시작되었는데 첫 날부터 인분 푸기 15회를 실시했다. 작은 동산을 넘어 실습지까지는 300~500m정도 떨어져 있었다. 거기서 학과 개시시간인 오전 9시부터 오후 5시까지 휴식 없이 실습이 계속되었다. 순진한 학생들이라 최선을 다해 배웠다.

4월 7일 입사 6일째 1학년 36명 전원 순서대로 뒷산 소나무 밭에 기어가 다시 2학년생 앞에 가면 솔잎사귀로 머리와 얼굴을 찌르며 구

---

10) 입학금에는 봄가을 학생복, 작업복, 모자, 교모(모자), 교과서, 검도복, 총검술용 목검, 각종 실습용 농기구 등의 비용이 모두 포함되어 있었다. 155원은 당시 소한마리 값(대략 150원 정도)보다 비싼 금액이었다.

타와 발로차기 등의 신고식을 치렀다. 이른바 길들이기라는 명목으로 한 원시적인 기합이었다. 이와 같은 생활을 2학년 말까지 했다.

2학년 교실을 지나야 1학년 교실이 있었는데 기숙사처럼 그곳을 통과할 때 고개를 숙이지 않으면 혼이 났다. 2학년 담임 마도노 선생이 지키고 서서 말렸으나 허사였다. 일본 군대를 닮은 식민지 학생들의 꼴불견이었다. 해방이 되자 이러한 습관이 사라졌다고 한다.

1941년 12월 8일 신사참배 후 도청 앞에서 조선인 도지사였던 히라마쓰(平松)가 임석한 곳으로 우로봐 구령으로 사열하였다. 마치고는 시가행진을 했다. 전쟁 발발 소식은 12월 8일 아침식사 중 라디오에서 미영에 대한 선전포고를 들었다. 당시 무척 경악하였고, 불현듯 공포에 휩싸였다. 이후 하와이의 미 태평양 함대가 괴멸되고 이어서 1942년 2월 15일 싱가포르 함락, 4월 3일 필리핀 루손도 진격 등 연전연승에 일본군의 사기는 하늘을 찌르는 기세였다.

태평양 전쟁이 발발하면서 매월 1일에는 청주신사[11]를 참배해야 했다. 매 월요일에는 학교 신사 앞에서 조회가 있었는데 주번 교사는 전쟁의 양상을 브리핑하였다. 당시 중학 1학년생부터는 아사히(朝日) 마이니찌(每日) 신문을 구독하였으니 시국의 흐름은 대략이나마 인지하고 있었다.

겨울에는 이엉엮기, 새끼꼬기 등으로 쉴 틈 없이 실습을 하였고, 간혹 학과 수업도 있었는데 영어는 2학년까지 수학은 삼각형의 합동까지

---

11) 경내에는 깨끗한 자갈이 깔려있어 사람이 지나면 사각하는 소리가 신선미를 띤다. 참배방법은 '2박(두 손뼉을 마주쳐서 소리나게 함) 1배'로 일본인의 전통의식이다. 사당 안에는 천조대신이라는 팻말이 서 있었다. 사당 외각에는 좌측에 간누시(신사지킴이) 사택이 있고 조선인 보조간수 2명이 있었다. 사택에서 5m정도 떨어진 곳에 헌금함이 있었는데 1전이나 5전, 10전 짜리 은전이 수북히 쌓인 것을 본적이 있다.

배웠다. 학교 규칙도 엄격해서 흡연을 하거나 학기말 시험에서 컨닝을 하다 들키면 퇴학을 당했는데, 내 동료들 중 4~5명이 그러한 처분을 받았다.

입학 당시는 교원이 30여명이었는데 당시 전쟁으로 교원이 부족하여 국민학교 교사를 대신 충당했지만 그나마 2학년 말경에 9명 정도에 불과했다. 그때 교원부족으로 국어는 하기노, 예비역 사범학교 교련장교 육군 소위 ㅇㅇㅇ, 광물학은 야마모도(조선인, 최 모 선생, 경성 사범학교 출신) 교사가 담당하였다.

기억에 남는 교사로는 참으로 인격자라고 여겨지는 교장 가와니시 선생, 담임인 마츠오(增尾) 선생을 위시하여, 아들이 상해에서 죽은 후 쿠다니 선생, 쿄토제대(京都帝大) 법학과 출신으로 당시 일본 풍속에 따라 그의 형이 죽은 후 형수와 혼인하여 살았기에 자식이 없었던 구미키(久米基) 선생(일상적으로 학생들은 구매 선생이라고 부름). 그런데 그 선생은 당시로선 상상도 할 수없는 "너희들은 독립이라는 말이 뭔 줄 아느냐?" 등의 파격적인 말을 자주했고 수도작 과목을 담당했다.

마루타니 가즈노리(丸谷一之) 선생은 교련을 담당했는데, 계급은 준위였다. 늘 군복을 입고 칼을 차고 출근하였다. 진다장(秦多藏) 선생은 전형적인 일본인으로 대단한 폭력성을 가진 사람이었다.

당시 정원은 총 100명으로 농업과 정원은 50명, 임학과 25명, 축산과 25명이 있었는데 각 학급마다 2~3명의 일본인 학생들이 있었다. 이들은 대체로 공부도 못하였고, 일본인 중에서 질이 떨어지는 아이들이었다. 그래선지 이들과 경쟁해서 진 적이 없었다. 나는 2학년 때 임업과(林科)의 히라야마(平山)와 교환하여 농업과로 전공을 바꾸었다.

당시에는 교원도 대거 징집되어 학과수업은 거의 없었고 주로 실습

당시 8대 청주농업교장 가와
니시 노부죠 川西信藏)

즉 인분 나르기, 채소밭 중경제초작업, 검도, 총검술 교련이 전부였다. 교육의 질은 교사 부족과 함께 나타난 큰 문제점이었다. 예를 들어 농업과 선생님에게 채소밭 중경제초작업은 배웠는데, 실습도중 호미를 너무 깊게 넣어 중경을 하는 바람에 세근이 절단되어 배추가 말라죽었다. 교사 자신도 깊은 지식이 없었던 것이다.

2학년 말에 청주 사범학교가 신설되었는데, 건물은 청주 농업학교의 누에방(蠶室)과 실습용 축사를 사용하게 되었다. 3학년 때 지금의 청주 교육대학교 자리로 이전하였다.

4학년 때에는 일본헌법의 일부와 국가총동원령과 같은 법률 강의를 들었다. 이 법률 수업은 당시 친일 조선인들이 징병과 정신대, 노무동원 등의 대가로 조선에서 일본본토와 같은 대우 즉, 내선일체의 실질적 구현을 요구하면서 시작된 것이 아닌가 한다.

교련 검열은 연 1회 실시되었는데 검열관은 용산 22부대장인 육군대좌(지금의 대령)였다. 검열 성적이 불량하면 학교 운영까지 간섭하려 들었다. 체육수업을 모두 없앤 다음 교련, 검도, 총검술, 야영훈련, 사열, 간이점호, 체력장 점검, 수력장(수영) 점검 등 군사훈련을 강화하였다. 이에 전교생이 국방색 옷을 입고 일본군이 쓰는 전투모를 쓰고 다녔으며, 가방 대신 배낭을 메고 거기에다 허리띠를 맨 다음 약 2m정도의 길이에 10cm 정도 넓이의 천을 다리에 둘둘 감고 다녔다. 이것을 각반이라고 부른다. 상급생들은 99식 장총을 가지고 훈련을 받았으며,

재학 중에 입대하는 학생들을 위하여 환송회를 열기도 하였다.

그리고 1년에 1회 행군(지금의 소풍)이라 하여 완전무장한 채 약 50리 길을 걷게 했다. 매 3월 10일 즉, 육군 기념일이 되면 신사를 참배한 다음 남일국민학교, 오창국민학교에서 남·북군으로 나누어 공포탄 1인 1발을 휴대한 다음 수색(척후) 훈련을 실시했다. 그 다음에는 무심천에 가서 남북 양군이 제방에서 공포탄을 발사하면서 돌격 명령에 따라 물 한복판

태평양전쟁 당시
조선 총독 고이소 구니아키

으로 몰려가 소리를 지르면서 총검으로 사살하는 훈련을 했다. 대개 이러한 훈련을 일관하는 것으로 기념일의 '의미'를 새겼다.

체육 시간은 검도와 총검술로 일관하였다. 담당교사는 동경체육전문을 졸업한 기타무라(北村) 선생이었는데, 검도 총검술 공히 8단 유도 2단 민간인에게는 거의 없는 자동차 면허증 등 다양한 능력과 무술 유단자였다. 그러면서 조선인은 정신적으로 문제가 많다고 자주 멸시하였다. 아마 18세가 되던 3학년 때의 일이었을 것이다. 몹시 추운 겨울 어느 날 체육 시간에 철봉대에 집합시켜 웃통을 벗고 눈 위를 구르라고 하는 등 참으로 무자비한 성격을 가진 사무라이형 교사였다.

그는 또 매일 아침 8시부터 학생들을 모아놓고는 약 1시간 검도 총

청주농업 제 20회 졸업사진. 맨 앞줄 회색 국민복이 교장인 가와니시 그리고 필자
는 앞에서 다섯번째 줄, 오른쪽에서 두 번째.

검술로 야마토 타마시(大和魂, 일본정신)를 주입시킨다고 하면서 혹한
훈련을 강요하는가 하면, 1시간 강당에 정좌하고 손을 앞으로 모아 엄
지가 다일랑 말랑한 정도로 하여 히라이도노 오호가미, 아마데라스 오
오미가미를 연창하도록 했다. 정신 통일을 위한 것이라고 했다.

  당시 국어책에는 명치천황의 교육칙어와 군인칙어가 있었으며 나중
에는 선전포고문도 있었다. 그래서 외워야 되었는데, 대체로 일본인 학
생은 외우지 못했으나 조선인 학생은 외웠다. 그래서 조선인이 머리가
좋다는 주변의 칭찬이 있었다.

  마쓰오 담임선생님은 일찍이 처가집에 양자로 들어갔는데, 히로시마
고등농업학교 출신으로 조선에서 교편생활을 했다. 그러다 대동아전쟁
직전인 1941년 10월에 징집영장을 받았다. 그 때 가면서 "너희들 졸업

일본의 40대 수상
도죠 히데키(東條英機) 1884~1948

할 때까지 내가 가르치고 지켜 보고 교문을 나설 때 손을 흔들어주려고 했는데…" 하면서 눈물을 닦았다. 참으로 인간성은 일본인이나 조선 사람이나 매 일반이라고 생각하였다. 결국 그는 말레이시아 전선에 가서 병사했다.

당시 일본에서는 말(馬)로 농사를 짓는데, 그것까지 전부 징집하여 일선으로 보내니 밭을 갈고 논을 가는 이는 오직 여성뿐이었고, 겨우 삽으로 농사를 지었다.

천황 대신해서 정치를 했던 수상 도죠 히데키가 그렇게 일본 사람을 어려움에 빠트리게 한 것은 역사로부터 도저히 용서 받기 힘들 것이다. 참으로 일본 백성이 불쌍하다는 생각을 가졌다. 천황이 어쩔 수 없이 전쟁을 한다는 칙어를 보더라도 실제 천황이 전쟁을 하려고 한 것이 아니라 이런 부류의 준동으로 그렇게 되지 않았나 한다.

2학년까지 기숙사 생활을 하다가 3학년 진급과 동시에 퇴사하여 청주 상당구 대성동에 있는 곽세현의 누이 집에서 하숙을 하였다. 이 곽세현이 나중에 여운형 선생이 결성한 근로인민당에 가입하였고, 그의 형이 남로당 면책을 하는 바람에 나를 연루시켜서 남로당에 가입하게 한 그 사람이었다.

청주향교 대성전

　그때 살던 곳 이름이 대성동이라고 했는데 향교가 있던 동네라서 그런 이름이 있었던 것같다. 이후 청주 본정 4정목(4동-지금도 본정이라고 부르고 있다)과 대성동 2곳 그리고 석교국민학교 앞으로 하숙을 옮겨 졸업할 때까지 있었다. 학교까지의 거리는 4km가량이었기에 무척 멀었다.

♌ 국방경기대회

1938년부터 국방경기대회라는 것이 시작되었다. 본래 국방경기대회란 "황국청년 자질연성에 노력하고 황운익찬皇運翼贊에 참가한다"[12]는 취지 아래 각종 각개전투나 분대전투에 사용되는 동작을 이른바 육상운동 경기로 전환한 것이다. 이에 일제는 그동안 유행했던 구기대회를 금지하고 모든 체육행사를 국방경기로 바꾸었다. 국방경기대회에는 중학교 남학생들이 참가하도록 했다. 경기 내용은 수류탄던지기, 장애물 넘기, 분대원 줄잡고 달리기 등이었는데 일반 학생들이 모두 선수로 참가하는 것이 아니라 선수를 뽑아서 하였다. 그것도 3~4학년생은 졸업이 가까웠으니 하지 않았다.

본 경기대회를 통하여 각 지역별로 우수한 학교를 선발하도록 했고, 전국대회에 참가할 조선대표를 뽑기 위하여 매년 서울의 조선신궁 앞에서 전조선대회를 개최하였다. 여기서 우승하면 지금의 일본 메이지신궁 앞 광장에서 개최하는 전국대회에 참가할 수 있었다. 전국대회에 일본은 구주, 북해도, 본주 등 3개 팀이 참가했고, 조선·만주국·사할린 등지에서도 각각 1팀씩 출전했다.

청주 지역에서는 청주농업을 비롯하여 청주상업과 제1중학교(조선인 중학교, 본래 청주 공립 고등보통학교), 제2중학교(일본인 학교) 등의 학교가 있었다. 대체로 일본인 수가 적었기 때문에 민족별 갈등은 별반 없었다.

---

12) 『每日新報』 1941.5.12-13일자.

[표] 전력증강국방경기대회 경기종목 및 내용

경기종목	경 기 내 용
100미터	개인이 총을 가지고 달리기
400미터 릴레이	4명이 한 조가 되어 총을 바톤으로 삼아 달리기
80미터 장애물	총을 들고 한 사람씩 한 장애물을 뛰어 넘는 것
넓이뛰기	5명이 한 조가 되어 무장하여 넓이 뛰기를 하는 것. 총점수로써 우열을 가림. 이 때 총구멍이 땅에 닿으면 무효임. 이유는 총구멍에 흙이나 모래가 들어가면 총을 쏠 수 없다는 것
높이뛰기	5명이 한 조로 무장한 상태에서 총만 가지지 않고 높이뛰기를 하되 대검이 빠지면 무효.
턱걸이	5명이 한 조가 되어 철봉에 턱걸이하는 것. 총은 가지지 않음
수류탄 던지기	5명이 한 조가 되어 수류탄을 멀리 던지는 것.
토낭(土囊)운반	모래를 넣은 가마니를 짊어지고 달리는 것. 5명이 한 조가 되고 가마니 중량은 8관(30kg).
비상소급	바지만 입고 누워 있다가 총소리가 나면 빨리 일어나 달리면서 옷을 입고 각반을 차고 무장하여 달리기
담가(擔架)운반	5명이 한 조로 1인은 환자가 되어 담가에 실리고 넷이 들고 달리기
중량물 들기	6관(22.5kg)짜리 역기를 많이 늘어 올리는 회수 경쟁
씨름	5명이 한 조로 구성
견인경주	큰 나무 널판 위에 모래 가마니 세 개를 싣고 5명이 한 조가 되어 긴 줄을 잡고 끌어당기기
줄당기기	20명이 한 조가 되어 긴 줄 당기기
무장행군	20명이 무장하여 한 손에 긴 줄 하나를 잡고 2천 미터 마라톤 하기

출전: 동래고등학교동창회, 『동래고등학교 100년사』(2002), 212쪽.

그런데 제2중 즉 일본인 중학교에 조선인 몇 사람이 들어갔다. 그 중 한 사람이 금융조합 이사의 아들이었다. 대체로 당시 일본과 협조한 친일파의 자제들이었다. 청주농업 학생들은 청주상업 학생들과 갈등이 많았다. 청주상업 출신자들이 여러 은행이나 각종 회사에 취직률이 좋았기에 주변의 시기를 받은 것이다. 청주 제1중학교와도 사이가 좋지 않았다.

조선신궁 전경-40년대 전조선 국방경기대회가 열리던 곳이다.

　여하튼 이 네 학교에서 각기 선발된 선수들이 제1중에 모여서 경합
한 결과 청주농업 팀이 우승을 차지했다. 이에 곧바로 조선신궁 국방경
기대회에 참가하였고 여기서도 일등을 하여 1942년 9월 경 일본 명치
신궁 국방경기대회에 참가했다. 모든 대동아공영권의 지역별 대표 선수
가 모인 자리에서 당당히 청주농업이 9인 줄잡고 달리기 부문에서 우
승을 차지하였다. 그중에서 내가 2학년 때 4학년생인 가네미쓰라라는
친구는 결승선을 통과하자마자 나무작대기처럼 쓰러졌다. 이것을 보고
아키히토 황태자(지금 일본 국왕)가 "이것이야 말로 대화혼의 건아다"
라고 칭찬하며 손뼉을 쳤다고 한다. 하지만 그는 징병 1기(1944)로 붙
잡혀가서 북중국(북지)에서 전사했다.

♌ 만주유람, 중국인은 더럽더라

3학년 시절에는 친구랑 셋이서 만주를 유람하였다. 예년 같았으면 수학여행으로 만주를 갈 기회가 있었겠지만 1944년경에는 어려웠다. 그런 아쉬움을 친구 세 명이 함께 유람하는 것으로 달래려 한 것이다. 당시에는 조치원에서 봉천행 기차를 타고 갈 수 있었다. 천안, 수원, 서울을 거치면 곧바로 평양, 신의주로 내달았다.

아침 일찍 출발하는 아키츠키(あきつき), 다이리쿠(大陸), 완행열차인 쓰바메(제비)호 등이 대륙과 연결되었고, 그중에서 아키츠키가 가장 급행이었다. 만주로 갈 때는 여권을 가지고 가야했다. 그런데 학생들은 당시 면장이나 주재소 소장이 발급해주는 확인서와 청주농업학교 교장이 발행하는 여행증명서를 지참하면 문제가 없었다.

당시 신분증명서 하나 발급받는데도 오랜 시간 대기해야 했지만 학생은 직접 사무실에 들어가서 증명서를 발급받을 수 있었다. 그만큼 당시 학생에 대해서는 우대하였다. 그것은 당시 특권계급은 아니었지만 그래도 중학생이라고는 1개 군에 몇이 되지 않는 상황에서 나타난 분위기였다. 물론 앞서 말한 내선일체적 관점에서 조선인의 중산층 자제들인 중학생에 대한 민족적 회유책으로도 볼 수 있다. 당시는 2차 대전 중이라 여행증명이 있어도 버스(목탄 연료차) 승차권(현재 시외버스 탈 때 구입하는 버스표와 비슷함) 구입이 힘들었는데 중학생은 줄을 서지 않고 구입할 수 있는 대우를 받았다. 어쨌든 학생 신분을 충분히 이용하고자 교복을 차려입고 어려움 없이 압록강을 넘어 안동(지금의 단동), 심양, 장춘(당시 신경), 하얼빈 등지를 다녔다.

그런데 중국 사람이 조선으로 들어올 때는 여행증명이 있다고 하더라도 쉽사리 들어올 수 없었다. 우리 조선인들이 내지(일본 본토)로 쉽사리 들어갈 수 없었던 것과 마찬가지로 만주 사람은 무척 멸시당하고 쉽사리 길을 열어주지 않았다.

당시 만주 여행에서 인상적인 것은 중국 여성들이 전족[13]을 한 채 '요찌요찌' 즉 우리 말로 아장아장 걷는 모습이었다. 그리고 어떤 중국인이 대변을 보면서 멀찍이서 우리 기차가 지나가는 모습을 파노라마처럼 천천히 고개를 따라오면서 응시하는 모습. 몸에서 이를 잡아서 톡톡 티트려서는 이 껍질은 퉤 뱉으면서 속은 빨아먹는 모습. 인분과 짐승의 똥이 섞인 길거리 모습 등이 떠오른다. 전체적으로 중국인은 비문명적이고 불결하다는 인상을 받았다. 당시로서는 중국인은 하등동물이고, 사람이 아니구나 하는 생각이 들 정도였다. 중국 사람들의 집을 보면 집을 흙으로 침대나 여러 가지 구조를 만들었는데 고약한 냄새가 났고, 집안 자체가 대단히 어두웠다.

중일전쟁 기간인데 갈 수 있었던 것은 당시 만주는 일본이 완전히 장악하고 있었고, 치안이 안정되어 있었기 때문에 여행하는데 문제가 없었다. 아울러 만주 경찰이 주로 조선인들이었고, 학교교원도 조선인이 많았다. 일본어를 사용하면 만주에서 모든 것이 다 통했다. 그때 여행비용은 검약해서 모은 약 30원의 돈이 들었다. 당시 면서기 월급이 25원 정도이니 무척 큰돈이었다. 그리고 조선은행권이 만주국에서 통했기에 무리 없이 사용할 수 있었다.

만주의 물가는 당시 조선의 2/3정도로 저렴했다. 아마도 만주지역에서 생산이 잘 되니깐 그렇게 물가가 낮은 것으로 생각된다. 당시 중국

---

13) 쇠 신발을 신고 발이 커지지 못하게 하여 미연에 시집에서 도망하는 것을 막도록 한 풍습.

사람을 보면 멸시하는 풍조가 많았고, 이른바 중국인을 짱코로라고 하는 말도 본래는 장궤(長櫃, 긴 궤짝)을 어원으로 한 말이다. 그런데 일본사람들은 중국인 특히 항일 빨치산의 목을 공개처형할 때 니뽄도로 '짱'하고 내리치면 목이 코로코로(조선말로 데굴데굴) 소리를 내면서 굴러간다는 뜻으로 짱코로라 불렀다. 대체로 화북의 대도시에서 이러한 짱코로 이야기가 널리 퍼진 것으로 안다.

어쨌든 일제는 식민지 교육을 통해서 조직적으로 중국인에 대한 멸시관을 심어주었다. 지금까지 중국이라고 하면 더럽다는 생각이 앞서는 이유도 그러한 교육과 개인적인 경험에서 보인 중국인에 대한 멸시관이 잔존하기 때문이다. 당시 교육을 받은 사람이라면 이러한 중국인 멸시관이 아직도 남아 있을 것이다.

그런 중국 사람들이 지금 개발한다고 하는데 개발했으면 어느정도 되었을 것인지 의심이 간다. 그 많은 인구, 땅덩이가 어떻게 상해나 북경처럼 될 지 의문이다.

우리나라도 새마을운동 이전에는 참으로 지저분했다. 밥을 가져다 놓으면 파리 떼가 밥 위에 덤벼들어 밥은 안보이고 새까만 파리만 보였다. 또한 집 바닥에는 가마니 짚으로 짜서 장판으로 대용했는데, 그 위에 아이들이 똥을 싸면 개를 불러다 그것을 핥아먹게 했다. 그런데 그 멍석 틈 사이의 오물이 없어지지 않으니 파

70년대 새마을 운동 중 취로사업 장면

리가 그리 많았다. 불과 30~40년 전 우리 모습이 그랬다.

내가 입학하던 1941년 이전에는 정규 학제가 5년제였으나 전시 특별 인력수요에 응한다는 논리 하에 4년제로 축소되었다. 그 덕분에 입학한 지 만 4년만인 1945년 3월 20일에 청주 농업을 제20회로 졸업하였다.

징병과 목숨 건 탈출

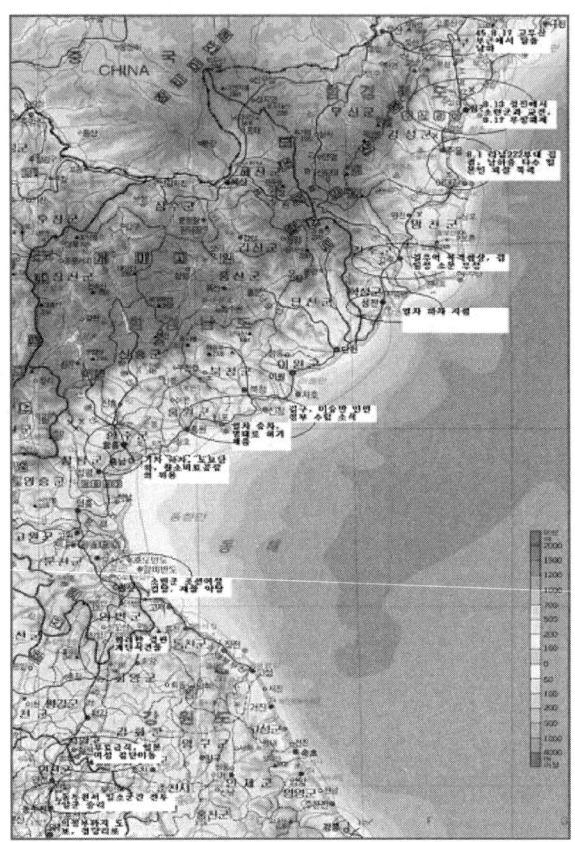

8·15 직후 남하여정

♌ 징병령이 떨어지다

1944년부터 만 20세가 되는 1924년(대정 13년)생 조선인 청년에 대한 징병령이 공포되어 해당 조선인 장정들은 본격적으로 징집을 당해야 했다. 나는 1945년 3월 20일 졸업을 한 다음 충청북도 식량과와 만주척식주식회사에 응시하였으나 그해 징병 적령자라고 해서 번번이 탈락되었다. 아울러 대전 사범학교 강습과에 지원하여 합격하였으나 형들의 경제적 부담과 어머니의 병세 악화 등의 사정으로 포기하였다.

1945년 4월 중순경에 청주 영정 국민학교에서 징병검사를 받았는데 갑종으로 합격하였다. 앞날이 불안하기만 하였다. 나의 염려와는 상관없이 시국은 표류하는 조각배처럼 방향을 잡지 못하고 암울해져만 갔다.

1945년 4월 5일 영춘 국민학교 마쓰바(松場) 교장의 요청에 따라 이력서를 제출하였다. 그런데 4월 20일 촉탁교원 발령(도지사 발령)이 나와서

1945년 4월 8일부터 중부 조선의 청년에 대한 징병검사를 개시한다는 매일신보의 기사(『매일신보』소화 20년(1945년) 3월 28일자).

3학년을 담당하였으나 당시에는 청년 훈련소 남자 연성소, 여자 연성소 등이 부설되어서 남녀 무학자를 대상으로 교원들이 교육을 담당하고 일본어 및 교련 특히 총검술 등을 가르쳤다. 특히 여자 연성소는 전담 여교사가 있었다. 청년훈련소의 교련과목은 예비역 육군 병장 하시모토

(조선인)가 담당하였다. 매일 오전 11시부터 12시까지는 중간 체조시간이라고 하여 전교생이 한자리에 집합하여 운동장 복판('공지 이용 강화'라는 명분으로 콩 등 작물을 재배하는 지역)을 뺀 좁은 지역에서 체력을 단련하였다.

음력 5월 5일 어머니마저 작고하셨다. 그날은 체조가 끝나고 손발을 씻기 위하여 학교에서 약 150m 떨어진 한강으로 가는데 조카 영규로부터(당시 국교 1학년) 어머니가 작고하였다는 비보를 들었다. 망망 바다에 방향을 잃은 조각배와 같은 느낌을 받았다. 어려서부터 경제력이 없어 큰 형에게 의탁해온 삶이었기에 더욱 그러하였다. 장례는 4일장으로 지냈고 비애를 달래려 삼오 이후 3일간 수안보를 다녀왔다.

둘째 형과 함께 약 1주일 동안 새벽 3시30분경부터 상복을 입고 성묘하면서 아이고 아이고 곡소리와 함께 3배로 시묘를 대신하는 상례를 치렀다. 어느 날 향교 앞까지 갔는데 형이 되돌아가자고 하여 귀가했다. 이유인 즉 어머니 산소 앞에 이상한 물체가 지나다닌다는 것이었다. 이를 어머니가 승묘를 중단하라는 신호로 여기고 그것을 그만 두었다.

♌ 라남사단으로 가는 길

1945년 7월 20일 중간체조 도중 면사무소 임시직원 조규대로부터 소집영장을 전달 받았다. 흰 종이에 징병영장이라는 글이 적혔고, 8월 1일까지 함경북도 라남 222부대에 입대하라는 내용이었다.

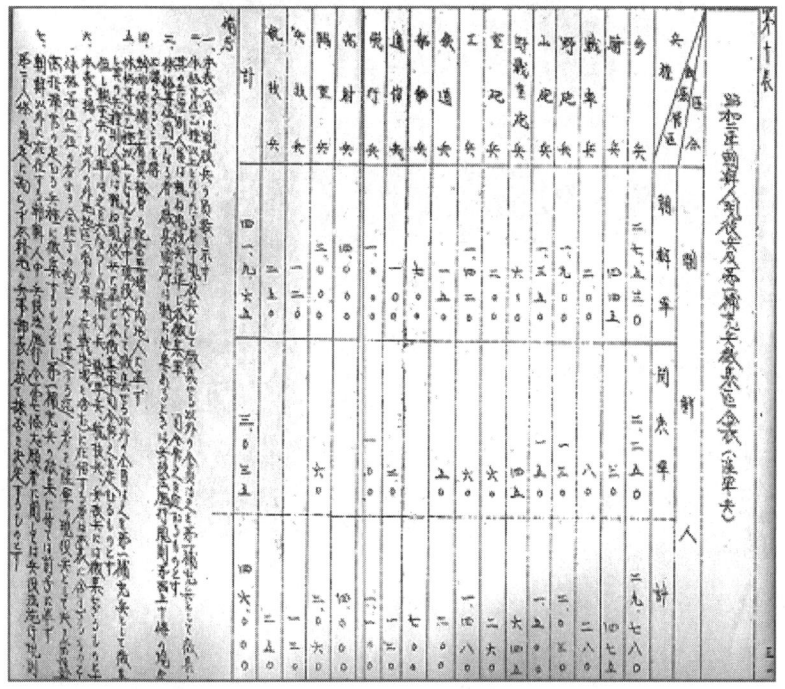

1945년도 조선인 현역병 징집 및 보충병 구분표. <표>에 따르면 45년까지 일본 육군에 약 46,000명이 징집된 것으로 나타난다. 여기서 나는 조선군 보병에 속한다. (출전: 『15년전쟁 극비 자료집, 조선군 개요사』, 불이출판, <표> 10.)

7월 30일 붉은 천에 앞면에 무운장구(武運長久), 뒷면에 '축 입영 시미즈 요시오(淸水義雄)'라고 쓴 어깨띠를 두르고 영춘 신사를 참배한 다음(이햐큐 잇바이) 수백 명의 환송객과 학생들이 부르는 환송의 노래 소리를 뒤로 하고 나룻배에 몸을 싣고 고향을 떠났다.

출전시 환송모습

나의 징병 환송 노래

(1절)

譽水の御召を載くは

此れぞ我等の面目ぞ

雄雄しく征て立つまつろわ(日本男兒)が

我等永春學校先生 淸水先生

천황폐하의 영광스러운 부름을 받자 온 것은
이것이야말로 우리들의 광영이다.

씩씩하게 출정하는 일본 남자
우리의 영춘학교 선생님, 시미즈 선생님.

(2절)
太平洋の波高く
今決戰の唯中に
擊ちてしやまむと母校を去る
我等の永春學校先生　淸水先生

태평양 파도가 높고
지금 결전의 와중에서
칠전팔기의 마음으로 적과 싸우려 정든 모교를 떠난다.
우리의 영춘학교 선생님 시미즈 선생님

　여기서 시미즈 요시오는 내 창씨명이다. 단양까지 인솔자는 국민학교
및 청주농업학교 동기생인 조병표였고, 함께 가는 입영자 및 둘째 형이
단양까지 동행하였고 여관에서 잤다. 형과 함께 송별금을 살펴보니
360원이라는 거금이었다. 당시 쌀 한가마니의 가격이 5원이었고 면서
기의 월급이 20원이었으니 상당한 금액이었다. 돈의 출처는 이웃이나
지인들이 십시일반으로 모은 것이었는데, 모으니 큰돈이었다. 금융조합
에 근무하는 안금식은 10원이나 내었다. 당시 징병을 나가면 지역 단
위로 지원행사나 지원금이 답지하였다. 총독부의 시책이었는지 모르지
만 어쨌든 큰돈이었다.
　많은 조선인들이 징병 나가는 청년들을 위해서 전별금을 주고 성금

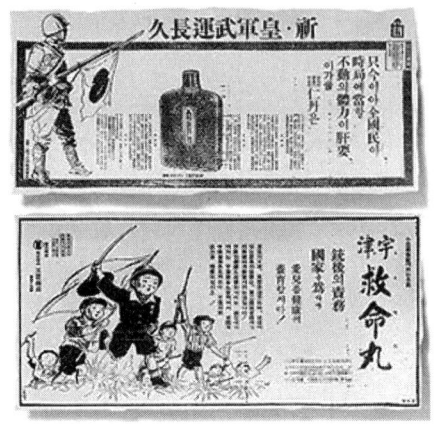

조선인 징병을 축하하는 의미를 실은
당시 동아일보 광고

을 내었는데, 이것을 일방적으로 총독부가 강제한 일이라고 할 수 없다. 그 중 일부는 진정 일본군이 연합군에 승리하여 조선의 자존심을 널리 알리고 일본과 같은 일등 민족으로 거듭날 수 있도록 기원하는 마음에서 성금을 쾌척한 경우도 많았다. 정작 총독부나 도나 군청의 격려금은 전혀 없었다.

그래서 전별금 중에서 350원을 돼지새끼라도 사서 기르라고 둘째 형께 드리고 난 다음 고작 10원만 가지고 라남 부대를 향했다. 당시 소 한마리가 150원이었으니 실로 막대한 돈이었다. 나중에 그 돈을 어떻게 사용했는지 사용용도는 들어보지 못했으며 종전 후 귀가하여 그 돈에 대하여 물었지만 무응답이었다. 둘째 형의 성격상 개인용도로 소비한 듯하다.

7월 31일 단양역에서 부대로 향했다. 인솔자는 단양경찰서 형사(조선인)였다. 아마도 형사를 붙여서 징병 열차까지 동행하도록 한 것을 보면 징병에 대한 조선인의 반발을 억누르려 한 결과로 볼 수 있다. 서울에 도착하여 당시 황금정(지금 을지로)의 모 여관에서 숙박했다.

8월 1일 함께 이동하다가 전차 안에서 일행을 잃어 버렸다. 운행 중인 전차를 세우고 하차하여 파출소에 들려 문의 하였으나 알 수 없었다. 거리를 헤매다가 어느 여관 앞에 도착했는데 마침 동행했던 연초조합 직원을 만나서 거우 한숨을 돌렸다.

그날 8시 30분경 용산역에서 입영자 특별열차에 승차하였다. 열차는 충청남도와 북도의 각 군마다 객차 1량씩 배당되어 있었다. 제천역에서 만나기로 하였던 넷째 형은 결국 나타나지 않았다. 승차 후 객차 안을 살펴보니 청주농업 동기생과 선배 그리고 청주 및 충주 방면 5년제 중학 출신자들이 있었다. 전쟁 상황이 좋지 않아 다급히 군사교련을 습득한 어설픈 장정들을 급거 소집하였다는 사실을 실감했다. 차량 중 어떤 칸은 사람이 많이 탔고, 괴산군 수송차량에는 우리 친구들이 많이 있었다. 지금도 생존해 있는 연용이라는 친구도 거기에 있었다. 그 친구는 통신부대에 소속되었다.

그리하여 함경도로 기차가 달리는데 목적지가 다가올 즈음 물었다. "여기가 어뎁니까?". 그러니까 승무원이 "깐낭"이라고 대답했다. 도대체 깐낭이라는 데가 조선 땅에 있었던가. 의심스러워서 다시 어디냐고 물으니 그래도 "깐

일제하 용산역

낭 깐낭"이라 대답했다. 가만히 생각해보니 함남(咸南)을 일본말로 '간난'이라고 하지 않고 거기 사투리가 섞여서 '깐낭'이라고 발음한 것이었다. 도착해서 학교로 엽서를 띄웠다. 그간의 고마움과 후원에 감사하는 편지였다. 모두 4통을 보냈건만 도착한 것은 알고보니 1통뿐이었다.

♌ 승마중대에 배속

　기차에서 하루 꼬박하고 8월 4일 부슬부슬 비가 내리는 라남 역에
도착하였다. 승마 중대 10중대가 머무는 병사(兵舍)[1]는 조선조 말엽 소
련 군대가 쓰던 병사로서 우람하고 웅장하며 시설이 잘 되어있었다.

군사 도시 라남의 전경과 주변에 있던 유곽들

　내무반은 2단계로 위층은 고참이 쓰고 있었으며 조선인 신병 9명,
일본인 고병(분대장)등 7명 그래서 내가 들어간 2소대 2분대는 16명의
군인이 있었다. 명패와 관물이 놓여있었으나 낡을 대로 낡아서 살이 드
러나는 넝마 같은 옷이었다. 일본군대는 자고로 근검절약을 통하여 유
사시를 대비하는 자세가 대단했다.

---

1) 라남병사는 조선조 말엽에 건축 후 일본인들이 수리한 현대건물이었다. 빼지카가 설치된 현대식
　건물에 1개 사단 3개 연대가 있었으며 연병장은 당시 학교운동장의 약 3배 정도였다.

그런데 전선으로 나가는 군인들이 총탄이나 수류탄도 없었다. 그 이유를 고병에게 물어보니 필리핀 루손으로 사단 전체가 이동할 때 군수품을 모두 가지고 갔으며 결국 상륙하지도 못하고 루손 앞바다에서 미군기의 폭격으로 배와 함께 수장되었다고 했다. 고병이란 분대장을 말한다. 그는 1년 전에 입대하였고 인천상업학교를 졸업한 사람이었다. 상등병(을종간부후보생) 1명이 있었고 마흔살이 넘은 병장 1명 그리고 1~2등병이 5명 있었다.

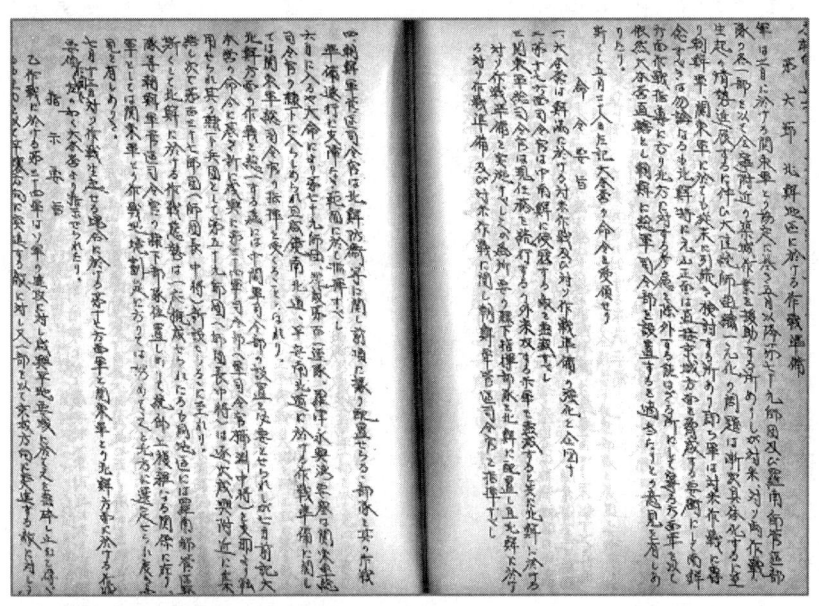

우측 첫째 줄에 "제6절 북선지구에서 작전준비"라고 적혀있다. 이 자료는 1945년 5월 일본 대본영의 조선북부 주둔 조선군에 대한 작전 명령을 기록하고 있다.

8월 5일 헤어진 옷을 꿰매고 이름을 새기는 등 바쁜 일과를 보냈다. 지참한 돈은 저금을 한다는 구실아래 몰수당했다. 식사는 충분하고 맛이 좋았으며 덴뿌라 정도는 매일 아침 밥상에 올랐으며 매일 밤 8시에는 밤 또는 대추를 식기의 8부 정도로 배급받아 먹으니 그다지 심심하지는 않았다.

8월 7일은 라남신사를 참배한 후 귀대하여 총검술, 검도 등을 고병을 상대로 연습을 하였다. 거기서 나는 상당히 우수하다는 평가를 받았다. 중학교에서 강도 높은 훈련을 받은 나에게 고병은 상대가 되지 않았다.

8월 8일 개인별로 중대장과 면접하였고 신상명세서를 쓰고 을종 간부 후보생 지원서 등을 접수시켰다. 저녁으로는 비행기 소리와 함께 폭음이 간간이 들렸으며, 내무반은 검은 커튼을 내려서 등화관제를 하였으나 비행가 어느 나라 것인지 불명이었다.

8월 9일 일본이 소련에 대하여 선전포고를 하였다는 말을 듣고 모두들 긴장하였다.

8월 10일 아침 조회 후 부대 편성을 새로 하였다. 2소대 1분대는 아침식사 후 장비와 군복 등 군장을 차리라는 명령이 떨어졌다. 그제야 전선으로 출동한다는 것을 직감하였다. 식사 후 군 장비는 신품으로 지급되고 머리카락, 손톱, 발톱을 까서는 종이에 싸서 봉투에 넣고 겉면에는 고향 주소, 부모 성명을 기재하여 제출하였다. 이것이 전사 후 유품으로 전달되리라 여겼으나 그다지 심각하게 생각하지 않았다. 오후에는 장비를 몽땅 들고 중대 앞 연병장에 도열하여 부대장의 검열을 받았다.

8월 13일 식사 후 1중대로부터 후문을 통하여 출전하기 시작했다. 우리는 승마중대 즉 첨병 중대라서 부대의 앞뒤를 경계하는 역할을 담당했다. 그래서 후미에서 출발한 다음 빠른 걸음으로 앞 부대를 앞질러

갔다. 라남 길거리에서 나이 많은 여인네들이 우리더러 "조선 사람이냐"고 물으며 "아이고 불쌍해라"고 걱정했다. 그 말을 듣고 눈시울이 붉어졌다.

라남·청진 사이에 있는 '아부라사카'라는 도로에서 잠시 휴식하던 차에 부대 작전과 한 중좌(중령)가 말을 타고 나타나더니 승마중대는 곧바로 좌측에 보이는 303고지를 점령하라고 했다. 이에 약 40분 정도 지난 다음 고지에 도착하니 그곳이 청진 수도정수장이었다.

1930년대 인구 20만 명에 이르는 대항구로 성장한 청진항 전경(왼쪽). 청진항이 있던 잔교. 화물선의 접안시설이었다.(오른쪽)

무장은 99식 장총이었지만 탄약은 없었다. 우리가 머무르는 곳은 청진 시내가 내려다보이는 전망 좋은 고지였다. 청진제철소의 웅장한 모습, 동쪽은 천마산 전망이 좋았다. 북동쪽에 우뚝 솟은 천마산 밑자락 벌판에 펼쳐진 청진시내...

1945년 8월 13일 오후 3시 상륙용 주정 3척이 연막을 뿜으면서 육지를 향하여 달려왔다. 순식간에 청진일대가 연막으로 뒤덮여 한치 앞을 보기도 어려웠다. 포사격으로 천지가 진동하고 해변에는 4중대와의 전투가 한창 진행 중인 가운데 옆 고지로 이동하여 개인호를 파는 등 전투 준비에 바쁜 시간을 보냈다.

오후 7시경에 뚜렷한 용무가 없이 1명의 전우와 함께 부대본부가 있는 농민도장[2]으로 갔다. 거기에는 분대장을 제외한 소대장(견습사관)을 비롯하여 고병 전원이 일본도와 권총으로 무장하고 어둠을 기다리고 있었다. 물론 총알은 없었다. 청진 시내에 야간 습격(키리코미)나간다는 것이다. 그 때 해안전투에서 소련군과 접전하여 넓적다리에 관통상을 입은 제4 중대장이 트럭에 실려 후송되고 있었다.

그 와중에도 하나 웃지 못할 에피소드가 있었다. 그 날 밤 야간습격을 나갈 때 두 사람이 짝이 되었는데, 짝이 된 그 사람과 모의하여 키리코미를 나가는 대신 어떤 개인 집에 파놓은 방공호에 들어가 숨자고 했다. 숨었다가 날이 새면 원대 복귀할 생각이었다. 그래서 거기서 숨었다. 날이 훤하게 밝아오자 원대복귀하려고 일어서는데 키가 큰 사람이 무언가를 움켜쥐고는 벌벌 떨면서 끙끙거리고 있었다.

총을 겨누고 상황을 알아보니 다름 아닌 소련군이었다. 그 사람은 음낭에 총알이 관통된 중상을 입고 있었다. 목숨이 위태롭다고 생각되어 데리고 나와서 부대로 돌아갔다. 부대에 도착하니 모두들 소련군 포로를 잡아왔다고 칭찬이 자자하였다. 어이없는 칭찬이었다. 우연히 마주친 소련군이고 그 사람의 생명을 구하기 위해 데리고 간 것인데 다들 소련군 포로를 잡아 온 영웅으로 보고 있었다.

---

2) 여기에 당시 사단본부가 진주하고 있었다. 본래는 농촌청년교육소로서 농민들의 정신훈련을
   위해 각도마다 도장을 설치하여 정신운동을 추진하였다.

농민도장-총독부가 농민의 연성을 표방하면서 지방각지에 설치되었다. 라남사단
본부가 이곳을 본부로 사용했다.

낮에는 덥고 밤에는 한기를 느끼는 대륙성 기후에 익숙하지 못해 개
인호에 앉아서 잠을 청하기란 어려웠다. 야전 식사는 밤이 되면 건빵을
풀 위에 늘여놓으면 밤이슬로 퉁퉁 부른 것을 먹어야 했다. 청진-라남
도로상에는 소련 군대가 이동하는 모습이 간간히 목격되었다.

8월 15일 밤에는 청진의 진지를 후퇴하여 약 8km 북쪽으로 이동하
여 옥수수를 대검으로 잘라 밭에 두툼하게 깔고 잠을 청하였다. 8월
16일에는 나와 동료 2명에게 500m 전방 협곡 야산 양쪽에 고지를 점
령한 다음 전투태세를 취하라는 명령이 떨어졌다. 이동 중에 청주농업
동기생인 김기래와 연용이 와이어를 매고 서 있는 모습을 보았다.

16일 밤이 되니 일본군이 "센쇼가 오왔다요!(전쟁이 끝났다!)"고 하면서 옥수
수 밭에 가서 옥수수를 깔고 자라고 했다. 그러니까 사실상 항복하고도 조선 농
민들이 애써 키운 옥수수를 그렇게 파괴하였다. 당시 나는 '만약에 제 나라 일
본 사람이 키운 옥수수라면 그렇게 할까', '이 놈들이 보복을 당하겠구나!'

농민도장에서 농민을 연성하는 장면

하는 생각이 들었다. 그런데 그 중 어떤 일본 병사는 드러누워서 "너희들 고향에 갈 때 나 좀 데려가 달라. 서로 말을 하지 않으면 괜찮지 않겠는가?"라고 말했다. 그런 말에 우리는 그저 "예예..." 대답만 할 뿐 다른 것은 일체 응하지 않았다. 당시 도망을 가봤자 되돌아 올 수밖에 없는 판국이니까.

청진으로 돌아오는데 청진 길가에서 소련군이 잔뜩 취한 채 보초를 서고 있었다. 그러면서 혁대를 달라. 바지를 달라는 등 온갖 협박을 했다. 만약 주지 않으면 그냥 죽여 버릴 것 같았다.

♌ 무장해제와 탈출

8월 17일 무장해제를 위하여 대대 병기를 종류별로 진열(규모가 작은 야전포 1문 경기관총 2정, 99식 장총 등 장비는 보잘 것이 없었다)하였다. 오전 10시경 GMC 트럭(이 트럭은 미국산 제품 미국의 원조에 의해서 소련군이 사용하던 것이다)에 탄 소령 1명 위관 장교 1명 통역관 1명 등 세 명이 1개 대대 병력의 무장을 해제시켰다.

이때 소련군 중위는 "이런 무기로 잘도 싸웠다. 총알도 하나도 없네..." 라고 말했다. 사실 라남 사단의 물자는 본래 라남 사단이 필리핀 루손섬으로 출병할 때 몽땅 가져갔다. 이러한 소련군의 빈정거림을 받자 어느 일본병은 "칙쇼(짐승)"라고 외치며 울화를 터트렸다. 어떤 견습사관은 가지고 있던 권총을 땅바닥에 묻었다. 적에게 빼앗기지 않겠다는 의지 때문이었다. 총알은 대여섯 발 들어 있었을 것으로 보이는데, 당시 일반 군인들은 총알이 하나도 없었다. 이어서 라남 훈련장으로 이동하여 간단한 복장검사를 받았다. 복장검사는 겉옷을 그냥 한번 만져보는 것으로 끝났다. 이윽고 포로수용소를 향하여 이동했다. 처음에는 만주로 들어가는 줄 알았다.

소련군의 휘파람 소리가 선명하게 들렸다. 앞이나 뒤나 감시하는 사람이 없었다. 탈출할 즈음 좌우를 살펴도 조선인 출신 병사는 별로 눈에 띄지 않았다. 조선인들은 마음대로 탈출했지만 일본군은 도망해도 갈 곳이 없어서 그냥 따라간 것 같았다. 인솔하는 소련군은 승마병 4명 정도였다. 일부 포로는 두만강을 건너서 만주로 가고 있었다.

소련군들은 대열 후미에서 감시가 아니라 따라오는 식으로 호송하였으며 조선인 포로의 이탈에 대해선 별로 신경을 쓰지 않았고, 그저 포로의 뒤를 따라올 뿐이었다. 탈출은 자기 마음만 먹으면 대오에 있는 인원들에게 이탈한다는 신호를 주는 것으로 가능했고, 각자 자유의사에 의해서 행해졌다.

고무산(古戊山)에 거의 도착할 즈음에 마침내 탈출했다. 탈출한 뒤 민가에 들어가서 군복을 벗고 넝마와 같은 옷으로 갈아입었다. 신은 헤어진 찌카다비에 새끼를 칭칭 동여매었다. 철길에 나서자 고향친구 전창근을 만났다. 그는 지원병으로 입대하였는데, 그동안 만주에 있다가 탈출하여 남하하는 도중이었다. 너무 반가워서 어찌할 바를 몰랐다.

대구 사범학교 재학 중에 입대한 충주 출신의 친구(성명 미상)와 전창근 그리고 나, 이렇게 세 사람이 동행하게 되었는데 잠이 오면 길에서도 자고 캄캄한 밤이라도 잠이 안 오면 남쪽을 향해 걸었다. 당시 술 먹고 보초를 서고 있는 소련군인들은 참으로 무시무시했다. 마치 철조망을 빠져 나오는 듯한 마음으로 청진을 통과했다. 충주 친구는 청진과 라남 사이에서 헤어졌고, 전창근과 둘이서 남하했다. 헤어지게 된 것은 먹을 것이 부족하여 먹을 것을 구하느라 흩어졌기 때문이었다.

라남에서는 많은 일본인들이 팔다리를 총검에 찔려서 피가 낭자하였다. 그 중 어떤 일본인은 아들로 보이는 젊은 사람의 등에 업혀서 가고 있었다. 그래서 전쟁을 하는 마당이라면 정의든 불의든 일단 승리를 해야 한다는 생각을 하면서 고향을 향하여 발걸음을 재촉하였다.

소련군들은 독일군과 싸우다가 동부전선으로 왔고, 미국원조를 받아서 일본군과 싸웠다. 청진과 라남 길거리에선 소련 보초병들이 만취상태였으며 남루한 군복을 입고 있었다. 밑에 당코 바지, 위에는 철도복 같은 것을 입고 있었다. 군복이 아니었다. 그래선지 임의로 집을 털어서 옷가지를 빼앗아 입었다.

　원산에 오니 소련 해군이 엉덩이가 펑크 난 군복을 입고 다녔다. 참으로 보기에도 민망하였다. 그러면서 집집마다 돌아다니면서 여자를 겁탈하였다. 당시 소련 정치공작대원이 나서서 이들의 만행을 제지했다. 그리고 한국인들이 그렇게 겁탈한 소련군 사병을 죽였다. 그런데 그 정치공작원은 짐짓 그 문제를 덮어 주었다. '잘못된 것에 대해서 보복을 해도 죄를 묻지 않는구나!' '참으로 공산주의는 민주주의이고 일본군과 다른 점이 이것이구나!'라는 생각이 들었다.

　그런데도 일반 소련군들은 무엇이든 쓸 만한 것이면 "따와이!"하면서 빼앗았다. 전쟁터라서 주지 않으면 그대로 사살했다. 소련 여군은 깨끗한 남자를 납치하고 남자 군인은 여자를 성폭행하였다. 사람이 잔뜩 탄 기차 안에서도 그들은 여자들을 발가벗겨놓고 성교를 하고 있었다. 지금도 그때 일을 생각하면 '소련사람들은 다 그렇구나' 하는 생각이 사라지지 않고 있다. 그들을 피하기 위하여 노력하다보니 사실 해방이 되었는지 아닌지 알 수 없었다.

♫ 길주역에서 김일성 이야기를 듣다

　　길주역은 폭격을 당하여 철로가 실타래처럼 헝클어져 있었다. 길주에 내려서 소련군에 의해 복장검사를 받았다. 그때 어떤 일본군이 길주에 김일성 부대가 나타났다고 했다. 그러면서 일본군은 "김일성은 대단히 무서운 사람!"이다. "김일성이 어디쯤 있을까?"하는 이야기를 나누고 있었다.

항일 빨치산 시절의 김일성

　　길주 역전에 여러 장사꾼이 있었는데 찰떡(인절미)을 산 소련 군인이 발로 밟으니까 늘어났다 오무라들었다. 그 소련군인은 "이것 벌레를 파는구나!"하고는 조선 사람과 싸움을 벌였다. 그러자 조선인(고려인) 통역관이 겨우 설득해서 무마되었다. 그런데 소련군 병사가 아주 매운 고추를 10원 주고 사서 먹다가 매워서 뒤로 나자빠지는 진풍경이 있었다. "너희들 사람 죽이려고 독약을 탔느냐?" 하면서 옥신각신 하였는데, 결국 통역관이 와서야 겨우 무마되었다.

♌ 신포에서 이승만 벽보를 보다

길주 정거장에 가니 소련의 군용열차가 왔다. 성진까지 오간다고 했다. 그래서 좀 태워달라고 했으니 그 소련군은 만년필을 주면 태워주겠다고 해서 두 개 다 주었다. "하나는 내 것" "하나는 고향친구 전창근 것"이라고 설명했지만 소련군은 "둘 다 네 것이고 친구 것은 아니다. 그러니 친구는 함께 탈 수 없다"고 하고는 강제로 전창근을 내리게 했다. 그러나 열차에 이미 오른 상황에서 전창근을 붙잡고 실랑이를 벌이면서 안 내리게 하겠다고 버티었다.

한참 후에 웬 장교가 와서 무슨 일이냐고 해서 자초지종을 말하니 "이것은 너의 것이니 저 친구는 갈 수 없다"고 평결했다. 결국 혼자서 기차를 타고 오는데 마음이 착잡했다.

성진에서 기차에서 내려서 하염없이 걸었다. 함경도 사람은 인심이 좋았다. 빈한하지만 배고프다고 하면 "어서 와서 밥먹어"하면서 없는 밥이라도 새로 지어 줄 정도로 인심이 좋았다. 집 구조는 외양간과 부엌, 방 사이에는 벽이 없었다. 소의 열기로 인해 춥지 않기 때문에 그렇게 한다고 했다. 함경도 사람들의 집이 대체로 그랬다. 계속 그렇게 함경도 사람들의 도움을 받아가며 숙식했다. 바닷가라서 그런지 물고기 한 마리 혹은 고추장 한 가지 등 모든 반찬은 한 가지씩만 나왔다.

신창을 지날 때 해변 백사장에 수많은 노적가리가 있어서 달려가 보니 명태가리였다. 한 코에 20마리 정도 꿰어져 있었다. 우리는 "임자도 없는 것이니 먹고 보자"고 하면서 열 마리씩 빼내어 허기를 달랬다. 코다리 뱃속은 구더기가 이글이글하여 한참동안 털어낸 다음 먹어야 했다. 그것을 들고 먹으면서 신포에 도착했다.

1930년대 북청 신포에서 명태를 씻는 아낙네 모습(서울신문 2005년 2월 28일자)

보통학교 국어책에서 신포의 명태잡이가 유명하다고 배워선지 낯이 익은 고장 같은 느낌이었다. 물줄기가 시내 양쪽을 감싸고 흘러서 바다와 연결되어 시내의 아름다움을 더하고 있었다. 기차역에 가니깐 '대통령 이승만, 국무총리 김구'라고 쓰인 포스터가 붙어 있었다.

그것이 뭐냐고 물으니 다들 "해방 후 새로 인민정부가 들어섰다"고 했다. 그곳의 사람들도 자세한 내막을 모르고 있었다. 이것을 보고 '진짜 해방이 되었구나!' '진짜 대통령이 이승만, 수상에 김구가 되었구나!' '아마도 인민정부에서 써 붙인 것이겠다' 등등의 생각을 하였다. 당시 이북에는 많은 지역에서 이러한 포스터가 있었지만 남쪽에는 그런 것이 없어서 참으로 신기했다. 신포역에서 기차를 타고 흥남까지 갔다.

흥남역에서 내려 다시 계속 걸었다. 흥남질소비료공장은 대충 봐도 10리 정도 펼쳐있는 듯 대단히 웅장해보였다.

당시 흥남비료공장에서는 종업원들이 공업용 알코올을 먹고 집단적으로 괴사했다는 소문이 돌았다.

흥남 질소 비료공장 전경- 노구치 재벌이 설립한 비료공장이었는데, 태평양전쟁 후 초산에다 톨루엔을 합성하여 화약을 제조하는 전시 군수공업으로 탈바꿈했다. 당시 북부 조선의 공업은 대체로 당시 일본이 침략전쟁에 필요한 각종 물자를 원자재 형태로 가공하는 공업구조로 재편되고 있었다.(김인호, 『태평양전쟁기 조선공업연구』, 1998, 신서원)

원산 해변에는 오래된 소나무와 깨끗한 백사장이 있는데 소나무 사이로 검은 굴뚝 2개가 있었는데 마치 지하공장이 있는 듯했다. 아마도 일본인들이 전쟁 대비용으로 만든 것일지도 모른다고 생각했다. 원산항은 앞에 가로로 길게 뻗은 섬이 있어서 항구 안으로는 풍파가 없고 항의 규모가 큰 점이 인상적이었다. 당시 경원선 철도는 철원에서 원산까지 연결되었고 전 구간이 전철화(電鐵化)되어 있었다. 석탄으로는 도저히 운행을 할 수 없었기 때문이다.

원산에서 경원선 기차를 타고서 안변, 신고산, 온정리와 석왕사3)역을 거쳐 삼방역에 도착하였을 때 자연경관이 수려한데 도취했다.

---

3) 태조가 고려말엽 북벌 진군할 때 하루 잤던 곳으로 서까래 세 개를 지고 가는 꿈을 꾸었다고 하는데 해몽을 잘하는 도사가 王의 꿈이니 장차 등극할 쾌라고 해몽을 해주었고 태조가 등극한 후 건립한 절이라고 한다.

(국보 43호 석왕사 호지문[1])

삼방역은 삼각산 중턱에 자리하여 모든 것이 계단으로 이뤄졌고 상점이나 집도 계단으로 축조되어 있었다. 병풍을 둘러친 듯한 소나무. 그리고 울창한 산세(山勢). 정거장은 계곡을 콘크리트로 막아서 만든 것이고, 플랫폼, 사무실, 대합실 등은 모두 계단으로 만들어졌는데, 그 풍경은 흐르는 계곡물과 더불어 절경이었다. '코 큰 서양 놈들이 이런 곳을 잘도 찾아다니는 구나! 천혜의 피서지구나!'하는 생각이 들었다.

세끼를 굶은 상태에서 삼방역 대합실에서 잤다. 그리고 허기 진 몸을 이끌고 간신히 철원까지 왔다. 철원 역전에 무료급식소가 있었고, 여기서 점심 겸 저녁을 먹고 또 하루 잤다. 굶주린 배를 움켜잡고 연천까지 오니 민간 일본인 부녀자들이 소련 병사에 이끌리어 처참한 모습으로 어디론가 가고 있었다.

♌ 동두천에서 소련군과 일본군이 전투를…

8월 20일 부슬비가 내리는 저녁 무렵에 연천읍 앞을 지나는 한탄강을 건너서 동두천 쪽으로 가려고 했다. 하지만 동두천에서 그날 아침 소련군과 일본군 사이에 전투가 벌어졌고, 소련군이 점령한 상황이기에 거기로 가면 안 된다는 이야기를 듣고 발걸음을 멈추었다. 실제로 총소리가 들렸다. 일단 나루터 오두막에서 7~8명이 잤다. 아랫도리가 다 젖은 채였다. 그래도 너무 피곤해서 정신없이 골아 떨어졌다.

8월 21일 날이 밝자, 모두들 "경성에 가야되지 않겠는가?"라고 하면서 서둘러 출발했다. 동두천 역에 이르니 파출소 앞에 GMC(트럭)를 세워놓고 소련군 2명이 남포불 밑에 서 있었다. 그 앞을 지나도 아무 말 하지 않았다. 어떤 사람이 "이제 일본군과 소련군이 전투했지만 소련군이 지고 일본군이 이겼다"고 알려주었다. 죽은 사람은 없지만 소련군이 패배했다는 것이다.

철원에서 의정부까지 걸었다. 의정부에 도착하니 8월 22일 아침이었다. 의정부역에서 기차를 타고 청량리역에 하차하니 역전에 밥장사, 떡 장사하는 여자들이 길 옆을 쭉 앉아 있었다.

누가 "어디서 오느냐?"고 물었다. 그래서 "청진서…라남에서 온다."고 했다. 그곳에 일본군 순찰병이 있는 것이 신기했는데 그들은 우리더러 "참 수고했다"고 했다. 그래서 순찰병에게 "용산부대가 북에서 내려오면서 다리 및 터널을 없앴기 때문에 사뭇 걸어왔다. 무척 고단하다."고 하자 그는 "소련군의 남하를 막기 위해 할 수 없는 조치"라고 답했다.

당시는 아직 미군이 진주하기 전이었다. 함경도 소재 교량 및 터널

일제시대 청량리 역전

곳곳을 조선 용산 22부대원들이 파괴하였다. 그래서 난리를 피해 남하하는 사람들에게 큰 어려움을 주었다. 촛불을 들고서 청량리 역전에 두 줄로 앉아서 고향길을 재촉하던 귀향병사 및 징용이나 보국대 동원 인원들의 모습, 그 사이로 떡과 밤을 파는 상인들의 모습이 새삼스러웠다.

♌ 귀향 —아수라장이 된 넷째 형님집

청량리에서 중앙선 기차를 타고 8시간 만에 제천역에 도착했다. 8월 22일 저녁 7시쯤이었고 여름이라서 아직 해가 있었다. 넷째 형(우계홍) 집이 있는 제천군 금성면 소재지까지 약 8km를 걸었다. 겨우 도착하니 어둠이 깔릴 무렵이었고, 집은 아수라장이 되어 있었다. 한 동안 목 놓아 울었다.

그러자 함경도가 고향인 이발소 주인이 나타나서 자기 집으로 데리고 가서 자초지종을 들려주면서 저녁까지 주었다. 사연인 즉, 형이 해방되기 보름쯤 전에 금성면 면사무소 권업계장(권업주임)을 했는데, 이 때문에 해방과 동시에 군중에 의해 습격을 받았다는 것이다. 권업계는 각종 배급 물품 취급, 징용 전담[4], 기피자 색출 등 전쟁 수행에 관한 업무를 수행하였다.

당시 형이 책정한 징용대상에서 두 세 사람이 징용을 피해 도망갔고, 형이 그들을 잡으러 다닌 것이 화근이었다. 징용영서를 보내는 자리였기에 면(面) 주민들로부터 원성을 쌓았다. 그래서 해방이 되자마자 집이 모두 부서지고 보복을 당한 것이다. 당시 중앙에서 파악할 수없는 인원이나 물자는 지역의 면 단위의 협조를 통하여 동원할 수 있었다. 그 속에서 일정한 권한이 조선인 말단에게 주어졌다. 요컨대 면서기 등 지방 말단의 관료조직은 일본의 강제동원 정책을 조선인들에게 구체적

---

4) 인원배당이 시달되면 대상자를 선정 영장을 발부한다. 사실상 면서기가 지역의 사정을 잘 알고 있고, 위에서 인원만 할당하면 구체적인 인원 선정은 모두 면서기의 권력이다. 이들은 이것을 숨기면서 마치 중앙에서 구체적인 징용 및 징병 명부가 나온 것처럼 하여 업무를 수행했다.

으로 실행하는 통로였고, 조선인들의 원한을 실질적으로 촉발하는 원인이었다. 그만큼 일본의 통치는 교묘하고 기만적이었다.

역대	성명	재임기간	역대	성명	재임기간
1	김정수	1945.8.15~	2	조종승	1945.11.15~
3	조일형	1946.1.25~	4	엄병언	1946.6.20~
5	신정호	1948.2.1~	6	우계홍	1949.4.21~
7	차익승	1950.2.21~	8	신정호	1951.5.25~
9	최수구	1954.2.8~	10	조병익	1960.12.26~
11	박혜림	1961.6.23~	12	김익봉	1964.2.6~
13	조병익	1964.10.6~	14	조시형	1968.1.1~
15	조병익	1970.7.26~	16	한설환	1972.2.18~
17	조대원	1975.7.1~	18	이관철	1978.1.18~
19	지달윤	1981.4.6~	20	이관철	1984.10.22~
21	안기옥	1986.7.10~	22	박병례	1988.6.30~
23	이헌종	1989.11.16~	24	이항구	1993.6.11~
25	장원규	1994.12.31~	26	박무운	1997.1.3~
27	이규천	1998.8.10~	28	장웅현	1999.2.22~
29	김천유	2001.1.1~	30	장원규	2002.2.15~
31	이대일	2002.11.1~	32	조성덕	2004.2.1~
33	박현규	2004.8.9~			

역대 영춘 면장 명단- 넷째 형님은 제6대 영춘 면장으로 재임했다.(『단양군지』, 2006)

1945년 8월 22일 하룻밤을 유숙하게 해주신 형의 친구에게 감사를 표하고 제천에 있는 둘째 형의 처가를 방문하니 전 가족이 반기며 "하루 쉬었다가 내일 귀가하라"고 권유했다. 참으로 오랜만에 맛보는 편안한 휴식이었다. 하루를 지내고 8월 23일 고향을 향하여 출발하여 단양군 어상천면 소재지를 조금 지나서 손창복과 동행한 넷째 형을 만났다. 대단히 반가웠다.

고향으로 돌아갔는데, 고향사람들이 모여서 "어찌 이렇게 남루하며, 새끼로 신발을 동여매고 다니는 등 거지같은 모습으로 왔느냐?"고 물었다. 소련군에 대하여 이야기 하니 "소련군이 그렇게 나쁘냐?"라고 했다. 그래서 그간 사정을 설명해주었다. 큰 형집에 도착하니 형의 기뻐하는 모습은 지금도 아련하다.

8월 24일 학교에 출근하니 동료 교원들의 따뜻한 환영을 받았다. 이미 일본인 교장 및 교사들은 단양에 있는 일본인 수용소에 모여 있었다. 27일 경에는 수용소에 있는 마쓰바(松場) 교장이 학교를 방문하여 "시미즈 선생! 수고가 많았습니다."라는 인사를 했다. 그래서 나는 "부디 건강한 모습으로 일본으로 돌아가시라"고 회답하였다.

무장해제 후 소련군에 연행되던 중 대오에서 이탈하여 남하하면서 8·15해방의 맛을 느끼지 못했다. 긴 탈출 과정에서 소련군에 체포될지도 모른다는 공포감 때문이었다. 신포에 와서야 이승만 대통령, 김구 수상이라는 포스터를 보고 비로소 일본의 패전과 해방된 것을 직감했다. 그러한 상태인지라 해방의 기쁨은 생각 밖으로 천천히 찾아왔다. 귀가 후 해방에 들뜬 사회 분위기 속에서 장래 건설해야 할 사회상과 국가진로 그리고 지나간 일본인 통치와 그들이 저질러 놓고 간 행간을 그리며 이 나라가 어려운 과거를 되풀이 않도록 우리들은 무엇을 해야 할 것인지 고뇌했다.

해방과 새로운 발걸음

♌ 조선말 못하는 교사

　고향으로 돌아오기 직전인 1945년 8월 20일에 단양에서는 단양경찰
서 청사에서 단양군 치안유지위원회가 조직되었는데, 회장에는 도협의
원이었던 조성구(趙星九), 상임위원에는 금융조합 서기였던 지덕구(池德
九), 위원에는 석탄회사에 근무하던 장천교(張千敎) 등 20여명이 선출되
었다. 하지만 9월 초 미군이 인천에 상륙하고 군정을 펴는 한편, 조선
인민공화국이나 지방 인민위원회를 부정하고 기존의 식민지 관료기구
를 유지시키는 조치에 따라 이 조직도 해체되었다.[1)

　9월 1일 부로 도내 교원 이동이 있었는데 모두가 고향으로 이동하였
다. 그래서 영춘 국민학교에는 잔여 교원으로 남자 3명 여자 1명 등 4
명뿐이었다. 얼마 후 조병주 교장이 부임하여 남1 여1 등 2명을 충원
하여 부족하나마 교사진용을 가다듬었다. 당시 교사 중에는 청주사범학
교 특별강습과 1년을 졸업한 17세의 3종교원도 있었다. 아직 어리고
철이 없는지라 주변으로부터 많은 따돌림을 당했다. 그렇게 어린 사람
이 교사가 된다는 것도 지금 생각하면 놀라운 일이다.

　일제 말기에는 일본어 교육이 강화되었는데, 당시 국민학교 1학년은
조선말을 해도 되지만, 2학년 이후는 일본어를 사용하지 않으면 일주일
동안 청소를 시키는 등 벌칙이 있었다. 조선어는 가르쳤지만 가르친 것
을 직접 학교에서 사용할 수 없었다. 조선어 시간에는 자유롭게 조선어
를 배웠다. 당시에는 조선 전체에서 일본말을 사용했기에 좀 아는 사람
은 만나면 일본말로 대화하는 경우가 많았다.

---

1) 『단양군지』, 1977, 134쪽.

그런데 해방이 되자 교원들은 옛날에 어문을 배웠지만 거의 잊어버리고 쓸 수 없었다. 그래서 학생들처럼 '가갸거겨' 어문을 스스로 익혀야 했다. 이에 천자문을 펼쳐놓고 언문과 더불어 하루 몇 시간 동안 독학하다시피 하였다.

한 달이 지나니 조금씩 한글을 익힐 수 있었다. 보통학교 시절 1~6학년까지 조선어독본으로 언문과 한문을 배웠으나 실질적인 조선어 사용 능력은 부족했다. 여기에는 당시 조선어를 가르친 교사의 불성실도 한몫을 했다. 학생들에게도 '가갸거겨'를 하루 몇 시간 동안 학습하도록 했다. 그야말로 '가갸거겨'를 배우면서 학생들에게 가르치는 상황이었다.

9월 중순 제천 동명 국민학교에서 열리는 최현배 선생의 한글 강습회가 있어서 동료직원과 참석하였다. 하지만 한글 자체를 익히지 못한 삶인지라 전혀 알아들을 수 없어서 도중에 나오고 말았다. 이후 약 한 달의 노력을 기울인 결과 한글과 한문을 불편이 없을 정도로 해독하였으나 아직 한글의 밑받침은 아리송한 상태였다.

46년 12월에 도 학무과의 어떤 장학사(전 석교 국민학교 교사)가 영춘 국민학교까지 찾아왔다. 한글요령습득으로 모든 받침은 '다' '고' '지' '게'에 붙여보면 알 수 있다고 해서 지금까지도 이에 준하여 한글 받침을 해독하고 있다. 3~4학년을 번갈아 가르치면서 담임도 맡았으며 실습지 관리는 내 주무였다. 해방되고 2년 정도 지나니깐 한글이 체질화되는 느낌이었다. 반면 일본어는 점차 머릿속에서 사라지는 듯했다. 이렇게 하여 몇 년을 보내니 한글을 모르는 그런 진풍경은 완전히 없어졌다. 바로 이것이 민족성이구나 하는 느낌을 받았다.

일제 강점시기 말기에는 수업시간외에는 '결전하 생산증강을 도모

한다'는 구호아래서 운동장을 개간하다시피 하면서 콩을 심었다. 해방 후에 원상복구를 하려고 학생들을 동원했는데 일제 강점시대와 같이 아이들에게 또 일만 시킨다는 여론에 밀려 복구 작업은 일시 중단되었다. 이후 다시 설득하여 복구 작업을 하였다.

왜 우리나라 사람이 입에 발리게 일본 놈, 미국 놈같이 놈이란 말을 사용하고, 반대로 영국 사람은 그냥 사람이라고 하는지 아는 사람은 별반 없을 것이다. 놈이라고 불리는 나라는 대개 우리나라를 괴롭힌 나라였다. 프랑스 사람이나 영국 사람에게는 '놈'이라고 쓰지 않는 것도 같은 맥락이다. 일본인들은 인정은 많았으나 한국인을 괄시하는 경우도 많았다. 지배자로서 피지배자에 대하여 취하는 일반적인 자세로 여겨진다.

♌ 해방 이후 좌우익 분열에 대한 생각

해방 이후 좌와 우가 존재했고, 당시 나는 별반 신경을 쓰지 않았다. 하지만 미소공동위원회 개최 시기에는 사회 분위기가 민주적이었지만, 그것만 끝나면 어김없이 반공체제가 강화되고 백색테러가 창궐했다. 장택상이나 이승만의 말 한마디면 그 하수인들이 물불을 가리지 않고 폭력을 자행하였다. 조병옥, 신익희 선생도 그런 부류였지만 비교적 신사적이었다.

부모 자식 사이에도 사상이 달라서 서로 죽이고 한다는 소문도 몇 번 들었다. 실제로 친구 중 김기래는 나와 함께 청진까지 징병 갔다 온 사람이었다. 이 친구는 남로당원으로 활발히 활동했으나 나중에 자기 삼촌을 반동으로 몰아서 죽였다. 당시는 자칫하면 그렇게 죽임을 당하는 위험한 시기였다. 당시 좌익이 대체로 전국민의 70~80% 정도가 아닐지 생각했다.

그런데 6·25전쟁을 겪어보니 실제로 좌익은 10%정도밖에 되지 않는 듯했다. 그 이유를 곰곰이 생각하면 남로당이 결성되고 빨치산 투쟁이 전개된 이후 많은 사람들이 그들의 활동에 의해서 고초를 당하거나 많은 사람이 살상을 당했던 점 등 대민관계 속에서 그들의 신망을 잃어버린 결과가 아닌지 생각한다. 특히 빨치산들이 마을의 여론을 주도하는 마을 이장(里長)들을 많이 죽였는데, 이 부분은 빨치산 운동에 대한 국민적인 신뢰를 상실하는 중요한 계기가 되었다.

일화에 의하면, 한때 이승만 대통령은 청와대의 아카시아 나무를 철저히 솎아 내라고 지시한 적이 있는데, 이는 아카시아 번지는 모습이 빨갱이 같이 빠르다고 해서 그리한 것이다. 그리고 자신의 정적에 대해서도 조금만 불만스러우면 남로당으로 몰아서 체포 투옥하거나 살해하였다. 특히 경찰이 그것의 첨병이었다. 흰 것도 빨갛다면 빨겠고, 빨간 것도 희다면 희게 만드는 것이 경찰이었다.

신탁통치 문제가 불거진 때가 1946년 연초부터였다. 당시 나는 동료 교사와 더불어 반대운동을 했는데 당시 내가 지은 신탁통치 반대 노래가 주위에 퍼져서 두루 불린 적이 있다.

내가 작곡한 신탁통치 반대의 노래

　　단군왕검께 맹세하자 무궁화 절개
　　신탁관리 반대다.
　　반대다. 신탁통치 반대다. 절대로 반대

　　(2절은 기억을 할 수 없다)

신탁통치를 반대한 것은 또다시 외국인이 통치하는 것을 용납할 수 없다는 마음에서였다. 그런 반탁운동도 한 두 달이 지나자 다시 조용해졌다. 당시 일반 언론이 말하는 것처럼 소련이 신탁통치를 하자고 주장하고 반대로 미국이 반대한 줄 알았다. 그래서 소련과 공산당에 대한 탄압이 격심해지는 타당한 이유로 생각했다. 하지만 최근에야 알고 보니 이것이 동아일보같은 친일 신문들이 의도적으로 왜곡된 기사를 실어서 국민들을 농락한 것임을 알게 되었다.

남북협상 당시 김구선생에 대한 사회적 평가는 냉담했다. 다만 김구 선생이 안두희에게 암살되었을 때 모든 국민이 울었다고 해도 과언이 아닐 정도였다. 당시 국민들은 앉으나 서나 김구선생이야기였다. 암살의 배후에 대해서는 지금껏 밝혀지지 않았는데, 대체로 이승만이 배후라고 생각하였다.

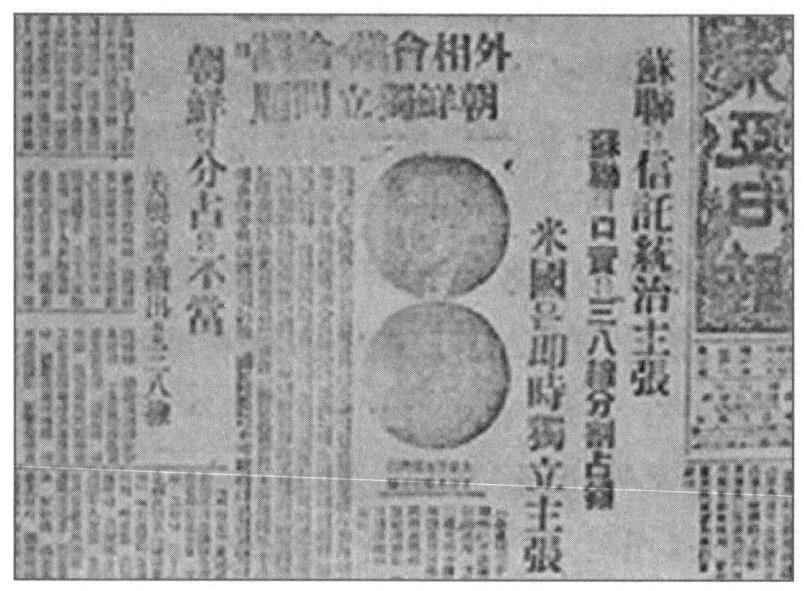
신탁통치를 마치 소련이 주장하고 미국이 즉각 임시정부를 구성하자고 주장했다고 왜곡 보도한 동아일보 기사

　좌우합작에 대해선 큰 관심이 없었다. 여운형 선생이 암살되었을 때 근로인민당의 당원들이야 비통했지, 다른 사람들은 비통을 느끼지 않았다. 왜냐하면 여운형 선생의 행동이 좌와 우를 오가면서 분명한 위치를 잡지 않고 중간을 택하였기 때문이라고 본다. 다들 아깝다고 생각했으나 관심은 두지 않았다. 김구 선생 때와는 달랐다. 기회주의적인 모습을 보였다는 이해가 당시 평가의 중요한 기준이었다. 그만큼 특정한 이

넘을 종교적 마음처럼 가지고 있어야 바른 길이라고 믿던 시대였다.

몽양 여운형 선생과 백범 김구 선생- 암살당한 겨레의 지도자들

또한 1948년 5.10 선거 날은 일식(日蝕)이 있었다. 특별한 감회라기보다 처음 실시하는 선거로 국회의원을 뽑게 되면 마침내 남한이 독립하는 것이며, 이 일은 '이승만이 벌인 것'이라고 믿는 정도였고 별다른 의미는 부과하지 않았다.

이승만은 미국에서 독립운동을 하다 보니 한국에 자기 기반이 없었다. 반면 김구의 경우는 중국과 관련이 깊고, 임시정부 인원들이 국내에서 자금을 모은다는 사실은 세간에 널리 알려진 사실이었다. 그래서 해방 직후 국민들은 임정파는 잘 알고 있었지만 이승만에 대해선 잘 몰랐다.

그러한 이유에서 이승만 주변에는 일제 때 감투를 쓴 친일 세력들이 대거 모여들었다. 장택상 같은 친일파들이 이승만을 통해서 다시 출세했다. 아울러 그들의 출세를 위하여 반공주의를 내세우며 공산당을 때

려잡는 일에 매진하였다. 6·25전쟁은 결국 그러한 공산당 없애기가 결정적으로 성공하는 계기가 되었다. 당시 빨치산들은 청주 우암산에도 출몰했는데, 밤에는 빨치산, 낮에는 일반인으로 돌아와서 귀가했다. 그러니 그 사람이 빨치산인지 민간인인지 전혀 구분할 수 없던 시절이었다.

♌ 남로당 가입

1947년경이었다. 당시 수원 농대(서울대학교 농대)를 다니던 곽세현이 근로인민당 당원으로 활동하고 있었다. 그는 청주농업학교 시절에 그의 누이 집에서 같이 하숙을 했던 오랜 지우였다. 그의 형 곽관행은 남로당 영춘지구 면책이었다.[2] 그 사람이 "해방 후 여러 단체가 만들어지는 형편에 무엇인가 교직 이외의 활동을 해야 하지 않는가?"라고 하면서 남로당 가입 앙케이트를 내밀었다. 그러면서 학교 교원들의 앙케이트를 받아 달라고 했다.

그래서 별 다른 생각이 없이 학교에 가지고 가서 앙케이트를 돌리니 옆에 있는 교사가 혹시 큰 문제가 될 지도 모르니 먼저 교장에게 물어보라고 충고를 했다. 그래서 교장에게 물었더니 "무슨 남로당이냐? 큰 일 난다"고 하면서 극력 만류하였다. 물론 일부 교원들은 그것 별로 나쁘지 않는 것이라는 이야기도 했다. 어쨌든 사흘째 되는 날 교장의 반대로 앙케이트를 곽세현에게 환부하였다. 당시 1개면에 10여명 정도 가입한 것으로 기억된다.

김만술 경사라는 사람이 북한에서 내려온 아주 지독한 반공 경찰이었다. 당시 북에서 탄압을 피해 남으로 온 북한 출신자들은 대단한 레드 콤플렉스를 가지고 있었다. 제주도의 4·3 단독정부 반대 운동도

---

2) 1946년 11월에 조선공산당·남조선신민당·조선인민당이 합당하여 조직한 좌익계 정당으로 남조선노동당의 약칭이다. 조선정판사 사건으로 많은 조선공산당계열의 좌익이 월북한 가운데 남조선 신민당이나 근로인민당(조선인민당의 후신, 당수 여운형) 당원이 다수 남로당에 참가하였다. 따라서 남조선 노동당은 일방적인 조선공산당 집단이 아니라 중도좌파 계열의 진보적 혹은 민족주의적 인사들도 포함되어 있었다. 무조건 남로당을 빨갱이, 공산당으로 파악하는 항간의 이해를 경계한다. 이 부분의 추후 많은 연구가 있어야 할 것이다.

알고 보면 이들 이북 출신 서북청년단들이 섬인 제주도에 가서 무참하게 민간인들을 억압하고 테러를 가한 데서 더욱 심한 폭력사태로 발전한 것이다. 어쨌든 그는 이 일로 자주 나를 찾아와서 남로당 가입에 관한 여러 가지 의혹을 제기했다. 그의 부인과 동생이 내 제자였기에 별 문제가 없을 것으로 여겼다. 그래서 집에 찾아가서 전후 사정을 자세히 말하고는 안심하고 영월로 돌아갔다.

하지만 김 경사는 그 후로도 이것을 이유로 여러 가지 고초를 내게 안겼다. 국립 농사교도국이나 영월 금융조합에 취직할 때 신원조회서에다 '남로당원으로 지방 사회에서 악평이 심한 자'라고 쓰는 바람에 자칫하면 취업을 하지 못할 뻔했다. 6·25전쟁 때 그가 방문한 적이 있는데, 그 자리에서 "남로당 관련해서 여러모로 미안하다"는 말을 남겼으나 그것으로 인해 내가 받은 상처는 너무도 컸다.

그런데 정작 내게 남로당 가입 앙케이트를 준 그리고, 당시 근로인민당 출신으로 3당 합당으로 남로당원이 된 곽세현이 환골탈태하여 산림청 산림국장, 경남 농상국장 등 높은 지위로 출세한 것을 보면서 참으로 격세지감을 느낀다.

1949년 4월에 보도연맹이 창설되면서 남로당에 가입했던 경력이 있다는 이유로 강제로 보도연맹에 가입되었다. 당연히 김만술 경사의 짓이었다. 보도연맹 가입을 위해 경찰서에서는 계속해서 내 사진을 제출하라고 요구했는데, 끝내 제출하지 않았다. 제출을 불응하는 바람에 담당 경찰이 상부로부터 책임추궁을 당했다고 한다. 그럼에도 사진을 제출하지 않았다. 그런 이유로 6·25 당시 영월지역 보도연맹 연맹원 학살 사건에서 내가 살아남았는지도 모른다. 얼굴을 알 수 없으니…

♌ 결혼과 군청으로 전직

1948년 대한민국 정부(당시는 남한 단독정부라고 부르기도 했다)가 들어서고 사회적으로 어수선할 때였다. 박봉으로 생활을 걱정하던 차에 전직을 생각하게 되었다. 그때 장준영[3]의 조카사위인 김인경이라는 사람이 있었다. 그와 그의 아버지가 청주농업학교 출신임으로 나의 선배였다. 당시에는 영월 생산조합의 이사로 있었는데, 김인경과 둘째 형이 절친했기에 부탁을 해서 나를 군청에 취직시켰다.

오늘날에는 학교 교원은 두루 좋은 직업이라는 말을 듣지만 당시로선 교원을 무척 질시하는 풍조가 있었다. 아울러 교원은 촌이나 시골 깊숙이 근무할 뿐 도회지로 나올 수 없는 한계도 있었다. 반면, 당시 군청은 정말 아무나 갈 수 없는 곳, 똑똑하고 뛰어난 젊은이만이 갈 수 있었다. 일제시대 도청은 조선인들이 많았으나 군청은 대부분 일본인이었다. 아마도 조선인들을 구체적으로 지배하기 위한 방편인 듯도 하다. 일제시대의 면(面)은 대부분 조선인이 근무했다. 식민지 지배의 기획은 일본인, 실행은 조선인이라는 통치전략의 산물이라 볼 수 있다.

1948년 2월 18일 부로 강원도 영월군 군청 산업과 작물계 부농기사(지금의 8급 공무원 정도) 발령을 받고 교직을 떠나 산업계장으로 전직하였다. 보도연맹이나 남로당 문제로 시끄러웠지만 아직은 신원조회가 없어서 군청에 취직할 수 있었다. 월급은 3,900원 정도였다. 당시 둘째 형이 영월에 거주하고 있어서 형집에 의지했다.

1948년 10월 11일(음력) 전호분과 결혼하면서 군청 앞 방한 칸을 얻

---

3) 4·19 당시 서울시장, 이승만 시절 2대 체신부 장관을 했던 장기영씨의 삼촌.

어서 신접살림을 꾸렸다. 중매는 아내의 큰 어머니의 올케가 했고, 신식결혼을 하려고 양복도 마련했지만 아내의 간곡한 요청으로 구식으로 결혼하였다. 그때 아내의 큰아버지(처백부)가 나를 보면서 "우 서방을 보니 밥은 안 굶기겠군"이라 한 말이 기억에 남는다. 아내는 구식결혼을 위해 당시 영월에 큰 부자였던 장기영(이승만 시기 체신부장관)씨의 부인이 쓰던 예복을 빌었는데, 당시 아내 집은 그리 궁핍한 집안은 아니었다.

당시 처가는 당시 말로 '한 섬지기'의 집안이었고, 아내는 장인 전창학 슬하의 4남매 중 맏딸이었다. 한 섬지기란 약 20마지기의 땅을 경작하는 집안을 일컫는 말로 20마지기 모두 소작을 통해 경작하였다. 영월은 전라도(200평)와 달리 150평이 한마지기였는데, 20마지기정도이니 3,000평(=1정보) 정도였다. 영월에 당시 한 마지기는 벼 2섬이 일반적인 소출이었는데, 작인들이 벼를 도정하여 납부한 소작료를 가지고 4남매를 키웠다. 도지는 정확히 어느 정도 액수였는지 알 수 없고, 벼로도 받을 때가 있고, 쌀로 받기도 했다.

그나마 1950년 농지개혁으로 어려운 사정에 처했다. 3,000평에 불과한 소유지인데도 토지개혁의 대상이 되었다. 이에 대한 자세한 내막은 알 수 없으나 농지개혁법 조항에서 '비경작자 토지는 매수한다'는 규정에 의한 것으로 보인다.[4] 아마도 자경(自耕)이 없이 소작만 주었던 것

---

4) 농지개혁법은 1949년 6월 21일에 공포(1950년 3월 10일 개정), 1950년 3월 25일 시행령, 4월 28일 시행규칙이 공포되어 본격적으로 실시되었다. 본 법으로 농가가 아닌 자의 농지, 자경(自耕)하지 않은 농지, 3정보 이상의 농지 및 작물 재배토지 등을 해당 농지생산물의 150%의 가격으로 정부가 매수하였다. 매수하는데 드는 비용은 대부분 지가증권을 발행하여 충당하였다. 대체로 매수된 토지는 비경작자 소유지가 90%를 차지했고, 3정보 초과 소유농지가 4.8%였다. 따라서 처가가 3000평이었는데도 농지개혁 대상이 된 것은 비경작자 소유지로 분류된 결과로 보인다.

때문에 그러한 결과가 나온 것으로 본다.

농지를 매도한 결과 약간의 돈을 받았다. 당시는 대부분 지가증권을 발행하여 매가를 대신했는데 이처럼 소규모 농지는 직접 돈을 지불했다. 물론 아내한테는 아무런 상속도 없었다. 생활의 어려움이 있을 땐 주로 큰집(처백부 집)에서 도움을 받았다. 장모는 6·25 직후 즉, 아내가 26세가 되던 때 돌아가시면서 아내가 도맡아서 처제나 처남을 돌봐야 하는 상황이었다.

당시 처백부는 영월의 이름난 부자로서 영월중학교 사친회장, 군민회장 등 지역 유지로 활동했다. 아울러 약 30정보 정도의 땅을 소유한 지주 집안이었다. 그의 아들들은 경성상업, 경성공업, 춘천중학 등 당시로선 군에서 몇 명밖에 못가는 학교를 나왔다. 지역 유지이기 때문에 행랑채에는 수시로 사람들이 기거했다. 후일의 일이지만 6·25전쟁으로 내가 곤경에 처했을 때 해결해준 CIC 정보요원들도 그 집의 아랫채에 살고 있었다.

처가의 큰 처남 전호성(23년생)은 경성공업을 졸업하자 19세에 영월 화력발전소에 취직했다. 그는 해방 직전 나와 함께 징병되어 소련과 만주 접경까지 나아갔다. 해방 후 한참 뒤 겨우 조선으로 나올 수 있었는데, 대동강을 건너는 도중 배 위로 소련군이 공격을 해왔다. 이에 배에서 뛰어 내려 대동강을 헤엄쳐서 가까스로 목숨을 부지하였다. 영월에 있는 한강에서 어릴 적부터 수영을 했던 덕을 톡톡히 보았던 것이다. 당시에는 영월 발전소와 같은 국가적으로 중요한 산업체에 근무하는 사람이라도 나이가 되면 징집했으며 특별한 예외는 없었다.

전호성은 1945년 음력 8월 15일경(양력으로 9월말)에 겨우 영월에 있는 본가에 도착했다. 이후 영월 화력발전소에 복귀하여 근무를 계속

했다. 당시에는 일본인이 물러가면서 영월 화력발전소를 운영할 능력을 가진 사람이 없었으므로 곧장 취직된 것이다. 나중에 부사장까지 올랐는데 환갑도 되지 않아 중풍으로 사망했다.

당시 장모님은 영월 보덕사의 독실한 불교신자였는데 늘 아들의 무사귀환을 위해 불공을 수시로 올렸다. 큰 처남 전호성이 대동강 건널 때 장모님은 어느 스님이 와서 "딴 곳에 가지 말고 곧장 집에 가라"는 충고를 의미심장하게 들었고, 그 덕분에 처남이 무사히 귀환했다고 한다. 아내는 국민학교를 나왔는데, 그때 수신(修身, 지금의 바른생활 내지 도덕) 과목을 가르치던 조선인 선생님이 독립운동 때문에 체포되었다고 한다. 30년대 후반 국내에서 독립운동은 대단히 힘들었을 텐데 그렇게 했다니 참으로 대단하게 여겨진다.

♌ 해방 후의 경제통제 실상

일제 강점시기 말기 전시통제경제 아래서 총독부와 지주들은 '시국 대책' 혹은 '공출' 등의 명목으로 식량을 염가로 약탈했는데 6·25전쟁 후 1972년까지도 그러한 방식의 공출이 계속되었다.

일제 말기 당시 공출을 실행한 사람들은 대개 학교를 막 졸업한 17~18세, 20세 정도의 젊은이들이었다. 이들이 각 면의 면서기가 되어 위에서 할당한 공출 수량을 확보하고자 농가를 마구 뒤졌다. 당시 면서기는 무척 어렸고 사물에 대한 판단력이 낮은 사람들이었다. 그러니 위에서 시키는 대로 했을 뿐인 실무자였는데 해방 후 민중들의 분노는 직접적으로 면서기에게 표출되었다. 공출에 불응하면 순사들에 의해서 마구 구타를 당했다. 공출을 내지 않으려고 땅에 묻어 놓으면 쇠꼬챙이로 확인해서 가져가는 그런 일은 잘 알려진 대로이다.

해방 후에도 공출을 통한 농민억압은 계속되었는데, 이는 근로자들의 저임금을 유지하기 위한 수단이었다. 헐값으로 미곡을 공출하여 도시 봉급자들에게 배급했기에 도시인의 식생활에 도움은 주었으나 농민들은 자신의 농작물이 원가 이하로 강제 공출되는 등의 고역을 당해야 했다.

다만 해방 후에는 공출은 군청에서 담당하고, 금융조합은 주로 미곡 배급을 맡았다. 그때는 많은 업체들의 자금사정이 좋지 않을 때였다. 그래서 공출미에 대한 외상거래를 요청하는 경우가 있었는데 이에 대해 나는 100% 응해주었다.

6·25전쟁 때 쓰인 군용화랑담배(좌)와 담배갑 성냥갑(우)

처음에는 둘째 형 집에서 군청으로 출퇴근하였는데 늘 형의 생활에 보탬을 주지 못하여서 안타깝게 생각했다. 그때 국립 농사교도국이 발족되어 김인경 계장이 그곳으로 이직하고 경험이 부족한 내가 군청에서 그가 담당했던 일을 맡았다.

그 업무 중에서 하곡수집(공출)이 가장 어려웠다. 당시 식량 업무는 식량영단5)에서 주관했는데, 1949년 8월경에 금융조합으로 이관하였다. 그래서 일단 1948년 가을 공출에는 군청에서 식량영단이 가지고 있던 재고량을 인수했다. 이에 1948년 10월경 원주 곡물검사소 검사원과 식량영단 직원 2명과 함께 영월군 하동면 옥동리 공판장에 갔다. 가는

---

5) 1944년 일본에서 <식량관리법>이 공포되자 조선에서도 <조선식량관리령>과 〈조선식량관리령시행규칙〉으로 구체적으로 중앙 및 지방에 설립되어 식량 배급기구의 완전한 국가 관리를 꾀하면서 그 실행처인 조선식량영단(1943년 10월 5일 자본금 3천만원)을 창설하였다. 이에 종래 조선미곡시장주식회사 및 각 道糧穀株式會社가 식량을 操作하게 해왔지만 이번에 이들을 발전적으로 해소시키고 식량국가관리제도 확립에 따른 강력한 식량조작기관으로서 삼았다. 이후 쌀, 맥류 및 조 외에 주요 식량 전부(잡곡, 전분, 곡분(穀粉), 감자, 고구마 기타 가공품, 면류, 빵 등) 국가가 매상하여 관리하게 되었다.

길에 큰 비를 만나 가슴까지 물이 찼다. 그곳에 가니 담당 면(面)에서는 어떤 준비도 하지 않은 채 방관하고 있었다. 농민들에게 악역을 하기 싫었던 것이다. 그래서 '상황'을 재고과장과 이병호 군수에게 보고했다.

이에 군수가 면장을 호출하라고 하여 공문을 보냈더니 하동면 김 면장 혼자 와서는 오히려 나를 원망하는 발언을 했다. 그 후 수시로 만나면 그 사람에게 "그게 뭐여?"하는 말로 인사를 대신할 정도로 불쾌했다. 한번은 하곡 공출 할당에 관한 면장회의를 소집하였는데 보리 50석(100가마)이 할당된 영월면의 최 면장이 할당량이 너무 많다고 반발하였다. 최 면장은 나중에 군수를 역임할 정도로 당시로서는 그 지역 거물급 면장이었다. 그러나 나는 5월 10일(하곡 예상수확고 보고일) 최면장이 보낸 예상수확고 조사를 근거로 해서 수확예정량을 정하였고, 이를 토대로 각 면별로 할당량을 조정한 것이니 더 이상 삭감이나 재조정하기 불가능하다고 하였다.

약 30분 이상 실랑이를 벌였으나 결국에는 원안대로 확정한다고 내가 못을 박았고, 다른 면장들도 동의하여 겨우 해결되었다. 그것으로 후일 군수로부터 업무처리능력을 인정받았다. 이후 공출을 독려하기 위하여 각 면을 수시로 순회하였으며 모든 것이 순조로워 직무수행에 보람을 느꼈다.

♌ 국립 농사교도국 시절

1948년 9월 하곡 수매를 완결한 다음 먼저 국립 농사교도국으로 이직한 김인경의 권유를 받아들여 군청을 사직하고 농사교도국 영월군 교도소로 전직하였다. 당시 농사교도국은 미국산 감자 등 품종을 보급하고 농산물의 증산에 주로 힘을 기울이던 농촌지도 및 농사지도 조직이었다. 직장을 옮긴 이유는 다름 아니라 군청은 근무환경은 좋았으나 국가공무원만큼 신분이 확실하지 않다는 생각 때문이었다.[6]

처음 이곳에 들어올 때 신원조회가 시작되었다. 그런데 영춘에서 보내온 신원조회서에는 '위 사람은 보도연맹에 가입한 사실이 있으며 지방의 여론도 좋지 않음!'이라고 쓰여 있었다. 이것을 보낸 사람이 바로 나를 남로당 가입했다고 하여 늘 괴롭히던 김만술 순경(큰형 딸의 사위)이었다. 당시 영춘에서 중학교 나온 사람이 없으니 조그마한 나의 잘못이라도 보이면 시기심으로 이렇게 괴롭혔던 것으로 추측한다. 고민고민하다 외가 11촌 아저비뻘인 김 모씨가 단양경찰서 형사과에 근무한다는 것을 알고 연통을 넣었다. 이에 '민족주의자며 민주주의 신념이 투철한 자임'이라는 신원조회서를 보내왔다.

대조적인 두 개의 신원조회서를 받아 쥔 농사교도소 소장은 "왜 이

---

6) 국립 농사교도국은 전신이 일제의 식민지 수탈정책을 강화하기 위해 식량의 증산독려지도를 담당하던 조선농회(1905~1945)였다. 해방 후 미군정이 미국식 농업기술령을 공포하고 미국식 농가 교도사업체계를 구축하였다. 이때 농무부 산하에 국립 농사개량원(1947.12~1948.12)을 창설하고 수원에 있는 시험장과 농과대학 외에 농사교도국을 신설하였는데, 정부 수립 후 농과대학을 분리하고 시험기구와 지도기구만을 합한 농사기술원(1949.1~1956.2)이 설립되었다. 이에 1950년단계는 농사교도국과 농사기술원 그리고 농과대학이 병행발전하고 있었다. 나중에 농촌진흥청(1962.4)으로 통합되었다. (『김포군지』, 1993, 831쪽)

사람들 왔다 갔다 해!"라고 했고, "기왕에 이렇게 된 것 불문에 붙이겠
다!"고 하여 겨우 위기를 모면하였다.

결혼한 다음에 했던 첫 번째 이직이라서 떨렸다. 당시 지급되는 급
료는 월 4,200원(지금의 7급에 해당)정도였다. 당시 화랑 담배 한 갑이
야시장에서 1,400원하였으니 참으로 박봉이었다. 당시 암시세 쌀 1말이
2,000원 정도였다.

영월군 농사교도소에 재직 중이던 매형(누님은 1940년 사망) 진준식
(6 · 25전쟁 이후 기관원에 연행된 후 소식이 단절되었다)에게 회계 관
계에 대한 사소한 이야기를 한 것이 있는데 매형이 이것을 김인경에게
제보하는 바람에 나와 김인경과의 관계가 극도로 악화되었다. 나를 밀
어준 사람과 사이가 틀어지는 것은 참기 어려운 상실감을 주었다.

♌ 영월금융조합으로 전직하다

1950년 3월 20일에 4촌 처남 전호윤의 소개로 영월 금융조합으로 이직하였다.[7] 여기서도 신원조회가 있었다. 또 영춘면에서 보낸 신원조회서에는 이전처럼 '남로당에 가입한 사실이 있으며 보도연맹에 가입하고 지방에 악평이 심한 자라고 되어 있었다.' 하지만 금융조합 부이사가 "그래 필요 없어! 우리가 묵인하면 그만이다."라고 하여 불문에 부쳤다.

해방 이후 당시 대한식량영단의 비효율적인 운영으로 해산과 동시에 금융조합[8]으로 업무가 대거 이관되었다. 전호윤은 당시 계장으로 도정을 담당하고 군청에서 같이 근무한 장기철이 운수를 담당하였다. 금융조합에서는 주로 비료와 양곡을 취급했다. 처음 비료는 농협에서 취급했으나 워낙 부정이 많고 손해를 많이 보아 금융조합으로 이전하였다.

이곳으로 이직하게 된 것은 당시 국립 농사교도국에 일할 경우 국가공무원이지만 월급이 턱없이 낮아서 도저히 생활할 수 없었기 때문이었다. 반대로 식량영단에서 금융조합으로 식량업무가 이전되면서 새로

---

7) 寧越金融組合은 처음 1912년 7월 16일 강원도 영월군 영월면 영흥리에 설립되었고, 1927년경에는 적립금 11,670 원정도로 성장했다. 조합장은 1927년 경에는 張漢植이었으며 1942년경에는 일본인 고바야시(小林政己)였다.(『朝鮮銀行會社要錄』(1927·1942년 판)

8) 1907년 한국에 설립된 사단법인체의 금융기관이다. 하층농민 및 도시의 중소상공업자, 그 밖의 서민층의 금융을 완화하여 그 경제적 향상을 뒷받침하려는 목적하에 처음에는 지방 금융조합이란 명칭으로 창설되었다가, 1918년 조직 개편과 함께 금융조합으로 개칭되었다. 외국의 신용조합과 비슷하며, 조합원과 고객이 동일하다는 점에서 은행이나 신탁회사와 다르다. 해방 후 식량영단의 식량사무를 인계받음으로써 농업협동조합의 특성을 가지기 시작했고, 마침내 1958년 농업은행과 농업협동조합이 만들어지면서 해산하였다.

금융조합에서 할 일이 많아졌다. 군청에 있을 때보다 무려 10배에 가까운 월급을 받았기에 서슴지 않고 금융조합으로 이직했다. 월급은 8,000원 정도였는데, 각종 수당이 붙어서 4만~4만 5천원에 달하였다.

6·25 시기 장작 구하는 부자의 모습

게다가 한 트럭분의 시량(장작, 땔감)을 지급받았기에 1년을 너끈하게 지낼 수 있었다. 당시 장작을 사용할 수 있는 집안은 살림이 넉넉해야 했고, 일반 가정은 주로 겨나 톱밥 등을 이용하여 불을 때기도 했다. 물론 땔감은 배급되지 않았고, 개별적으로 사서 이용하였다. 연탄은 아직 사용할 수 없었다.

하곡 공출과 배급은 먼저 도지사가 각 군에 할당하면 군에서는 면별로 할당하고 면에서 리(리 단위에서는 개인별로) 별로 할당하였다. 따라서 징용이나 징병과 마찬가지로 일제 강점기나 해방 직후 지방의 면 조직은 모든 국가적 요구를 실현하는 수족과도 같았다. 어쨌든 이러한 일정에 의하여 하곡을 공출하게 되면 그것을 모아다 곡물검사소에서 검사하였고, 그 등급에 따라 금융조합에서 대금을 지급하였다.

영월 금융조합의 배급선은 당시 남북을 합하여 최대라고 알려진 영월 석탄광업소, 대한중석 상동광업소9), 영월 화력발전소10), 영월선 철길 공사장 등이었다. 이곳으로 월 4,000~5,000가마의 식량을 배급하였다. 개인에게는 주로 면사무소에 배급이 내려오면 면에서 알아서 개인에게 배급하였다. 배급량이 적을 경우 배급담당자와의 정실(情實) 여부가 배급량을 좌우하기도 했다. 주로 호남미와 일부 영남미를 다루었으며, 금융조합연합회 출장소가 제천에 있었는데, 이곳에 모인 각지의 쌀을 영월로 보내주면 영월 금융조합은 인수증을 주고 쌀을 받았다. 그리고 그것을 각지에 배급하는 것이 내 임무였다.

쌀을 인수한 다음 걱정거리가 있었다. 그것은 쌀을 보관할 창고가 턱없이 부족하다는 문제였다. 이에 영월 엽연초 생산조합의 대형 창고 3개를 빌려서 쌀을 보관했다. 그런데 어느 날 가마니가 둥글게 도려내어진 채 많은 식량이 없어졌다. 경찰에 신고했더니 수사는 하지 않고 도난 확인도 거부하였다.

또한 영월읍 북면 문곡리 면사무소 지소 마당에 야적해 두었던 쌀을 출고한 다음 남은 식량은 정리해 두었는데 나중에 정리해보니 많은 식

---

9) 6·25 전쟁 당시 중석을 일본에 수출하여 정부예산의 80%이상을 담당하였다.
10) 강원도 영월군 영월읍 정양리(正陽里)에 있는 석탄화력발전소. 구영월화력(舊寧越火力)은 1935년 당시 朝鮮電業株式會社가 착공하여 1941년 3월 준공된 총시설용량 10만 kw의 무연탄 연소 기력발전소로 6·25 중에 심하게 파괴되어 오랫동안 운전이 불가능하였으나 1961년 4월에 복구공사를 시작하여 1963년 12월부터 전력생산을 재개하는 등 약 35년간 운영되다가 1976년 2월 폐지되었다.

량이 도난당한 것이 발견되었다. 보관 책임을 진 출장소 직원은 "출고 당시 간여를 하지 않았기에 책임질 수 없다"고 하였다. 보관 책임자의 입회 없이 임의로 출고한 내 실수였다.

그리하여 다시 출고하려고 하니 손실은 입은 당시 면장(정미소를 소유한 사람)과 지서 주임 그리고 일부 주민이 출고를 가로막았다. 때마침 영월 경찰서장이 순시 중에 이 광경을 보고는 적극 주민들을 설득하여 가까스로 어려운 상황이 해결되었다. 당시 영월 경찰서장은 영월읍 동면 경찰지서 주임의 소개로 알고 있었다. 이후 경찰서장 관사를 자주 방문할 일이 있어 그와 교분이 깊었다. 게다가 당시 그는 국회의원 출마 준비 중이었기에 마을의 분란을 미리 잠재우려는 마음도 강했다.

한번은 영월군 서면 쌍용리(현 쌍룡양회 자리)에 있는 보관책임자 집 창고에서 그동안 보관하던 수수가 상당량 없어지는 사고가 있었다. 훔친 사람은 누구인지 짐작을 할 수 있었으나 당사자는 "모르겠다"고 발뺌했다. 사실 그 사람은 좌익분자 검거 및 소탕을 위해 경찰에 전폭적으로 협조하던 자로서 이 자의 소행이 확실함에도 어쩔 도리가 없었다. 반공이 최우선의 국가적 과제였던 시절, 반공이라는 이름 아래 친일도 면죄부를 받았을 뿐 아니라 그러한 부정부패조차도 묵인되었다.

6. 25전쟁 직전 식량대금 1억 원을 들고서 춘천에 있는 금융조합연합회[11]에 입금하려고 간 적이 있었다. 1억 원을 100~1,000원 권으로

---

11) 춘천의 금융조합연합회는 1918년 6월 <금융조합령>이 제정된 뒤 각 도(道) 단위로 금융조합연합회가 조직될 때 만들어졌다. 1933년 조선금융조합연합회가 만들어지면서 각 도의 금융조합연합회는 도지부로 개편되었다. 전국 조직은 도지부간의 자금융통을 통한 자금계통의 정비와 금융채권 발행 및 금리통일 등이 주요업무였으며, 이를 통하여 회원을 통괄 지도·감독하고자 하였다. 1945년 당시 912개소의 단위조합과 하부 조직으로 3만 4345개의 식산계(殖産契)를 거느리고 있었다.

은행에서 찾았으니 돈 다발이 한 자루는 족히 되었다. 천신만고 끝에 홍천에 다다르자 군인들이 38선이 가까웠기 때문에 통과하기 어렵다고 제지했다. 하지만 모든 어려움을 뚫고 춘천에 도착하니 그때까지 모든 직원이 우리가 오길 기다리고 있었고 "그러한 어려움을 당할 줄 알았다"며 격려해주어 새삼 보람을 느꼈다.

한편 1949년 1월부터 영월에 봉황산을 중심으로 빨치산들이 많이 출몰하자 이에 대한 대비를 위하여 1월 3일 군회의실에서 도지사령(道令)으로 소위 영월군 호국청년대가 결성되었다. 당시 남한 각지에서 그것이 결성되었다고 하는데 정확한 것은 알 수 없다. 청년대 대장은 장만도(張晩燾)로 당시 영월군의 유지였다. 부대장으로는 대한청년단의 안종칠(安鍾七) 단장과 민족청년단 단장인 지영관(池永觀)이 맡았다. 즉 대한청년단과 이범석 계열의 민족청년단 계열에서 주도한 것이라 할 수 있다.12)

이곳에 주변의 권유로 참가하였고 군사훈련도 받았다. 처 사촌이 청년대의 훈련을 맡았는데 훈련은 대단히 열악했다. 일제 말기 청진까지 징병을 가고 5년제 중학교를 나와서 기본 군사훈련과 정규 군사훈련을 익힌 나로선 그 열악함에 혀를 내두를 수밖에 없었다. 훈련 교관들은 3년제 중학교 출신으로 그런 고급의 군사훈련을 받은 적이 없었다. 겨우 앞으로 가, 경례 등의 조잡한 훈련만 시켰다.

---

12) 총무부장은 金榮圭(대청 총무부장), 조직부장은 金鍾澤(대청 조직부장), 훈련부장 金仁起(영월 국민학교장), 선전부장은 李相萬(族靑 선전부장), 감찰부장은 兪能俊(대청 감찰부장), 상무이사 丁順玉(영월면 서기) 및 吳定根(족청 총무부장) 등이었다.

6 · 25, 나에게 이렇게 모진 삶이...

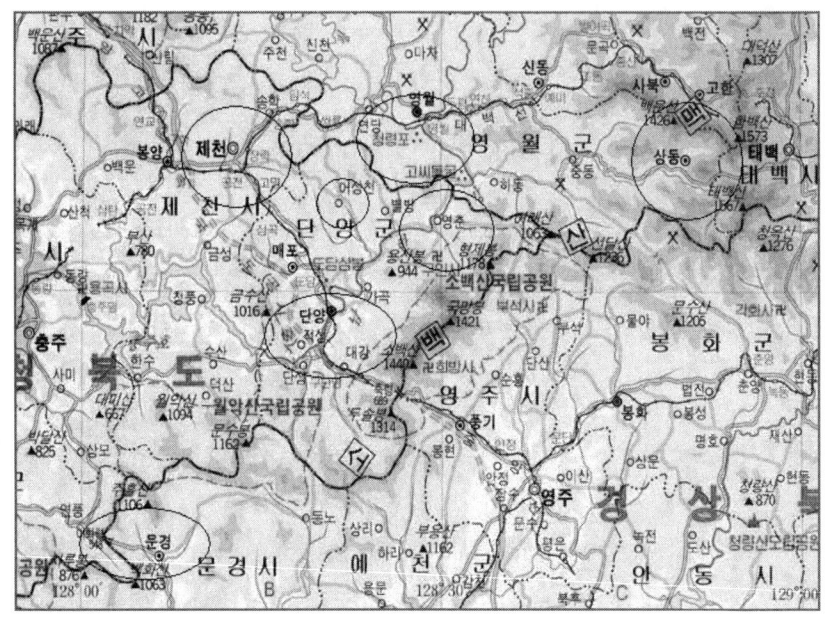

단양, 영월, 제천, 문경 지역 지도...625전쟁 당시 주요한 경험 지역(타원)

♌ 그 날, 동강에서 첫 국산맥주를 마시다

6 · 25 발발한 날은 일요일이었는데 그날 일찍부터 금융조합 직원 및 그 가족들과 동강에서 피서를 즐기러 갔다. 당시 OB맥주가 처음 시장에 등장하였는데 참으로 꿀맛이었다.[1]

동강 전경

맥주 2박스(24병)를 트럭에 싣고 운전기사 안사민, 조수안, 장기철, 기타 직원 및 가족과 함께 동강에서 고기도 잡았다. 잡은 물고기로 매운탕을 끓여서 안주를 삼아 맥주를 마시며 가족들과 함께 즐거운 시간을 보냈다.

저녁에 금융조합 사무실에 나가니 경찰서 수사과 정보계장이 나타나 숙직을 3명 정도 증원하고 취침도 교대로 하는 것이 좋겠다는 말을 했다. 그래서 "공비가 나타났느냐?"고 물으니 "내

---

1) 본래 OB맥주는 일본인이 세운 소화기린맥주의 후신이었다. 해방으로 적산(敵産)으로 분류되어 군청청 소유였는데, '박승직 상점'의 상무이던 박두병이 1945년 10월 6일 군정청으로부터 관리인으로 위탁받았다. 6 · 25 전쟁으로 건물의 40%와 시설의 50%가 파괴되는 피해를 입었다. 1951년 3월 정부 귀속재산의 불하방침 이후 1952년 5월 22일 상공부 관청과의 매매계약을 체결함으로써 민간기업이 되었다.

일 아침이면 알게 될 것"이라고 했다.

이 사실을 사택으로 가서 전무이사에게 전하였다. 아침에 숙직을 마치고 나니 그 때 숙직실에서 38선에 피아간 격렬한 전투가 발생했다는 라디오 뉴스를 들었다.

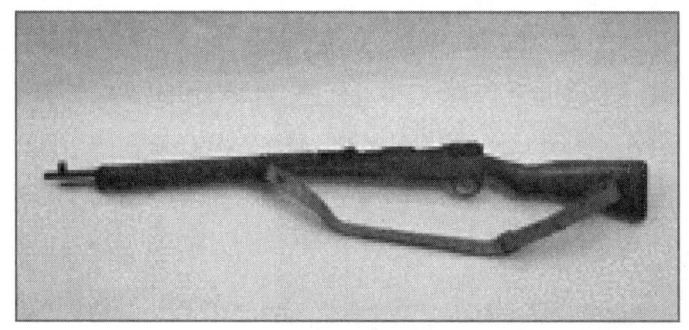

라남 사단 징병 시절 필자가 사용했던 99식 장총과 같은 모습- 6·25때에도 한국 군·경의 주요 화기였다.

일단 6월 26일 아침에 시내를 내려다보니 짚신에 수건과 양말을 꽁무니에 차고 99식 장총2)으로 무장한 초라한 전투경찰들이 대열 없이

---

2) 1930년대에 벌어진 중·일전쟁 당시 일본군의 주무기는 구경 6.5㎜ 38식 소총이었다. 당시 중국 육군 보병총은 구경 9㎜의 모젤 소총으로 살상력이 38식 소총보다 우월했다. 이에 일본 육군 병기본부에서는 중국의 모젤 소총에 대항하기 위해 소총의 구경을 좀더 크게 한 신형 소총을 개발했다. 일본의 신형 소총은 나고야 조병창(造兵廠)에서 1939년(일본 기원 2599년)부터 대량생산을 시작했다는 의미에서 99식 소총이라는 이름이 붙여졌다. 99식 소총은 구경이 7.7㎜로 커졌지만 38식 소총에 비해 총의 길이는 16㎝ 짧아지고 무게도 220g 가벼워져 병사들로부터 호평을 받았다. 태평양전쟁 시기 일본군의 주화기였다. 당시 미 육군의 주력 소총은 M1 소총(US RIFLE M1)이었다. 당시 한반도에 주둔한 일본군부대였던 조선군사령부(朝鮮軍司令部·일본 제17방면군사령부) 소속 29만명의 일본군이 보유하고 있던 무기들은 미 육군 제24군단이 회수했다. 미군이 회수한 일본군 무기 중 99식 소총은 군정 경찰과 국군의 전신인 국방경비대 무장용으로 사용했다. 99식 총은 육사 5기 임관 이후 미군무기인 M1으로 바뀌었고, 6·25단계에는 경찰은 99식총, 군인은 M1 총을 주로 사용하였다.(『국방저널』, 2004년 6월호, 박윤진 기고문 참조).

뿔뿔이 지나가고 있었다. 그중 소리를 질러 한명을 창가로 불러 물어보았더니 "인민군이 25일 새벽에 강릉 해안에 상륙하자 후퇴하여 오늘 새벽 도보로 영월에 도착하였다"고 했다. 그래서 강릉은 전쟁이 발발한 당일 이미 점령당했음을 알게 되었다.

당시 전투경찰의 활동상을 보면 다음과 같다.

> 동해 해안선 경비를 주로 맡고 있던 경찰은 북한군의 치밀한 수륙양면 공격으로 고전하였는데 주문진 서장 정복희 경감은 서원들과 항호리와 인구에 상륙한 북한군의 합류부대를 맞아 고군분투하였으나 중과부적으로 25일 밤에 사천으로 철수하였다. 한편 강릉과 삼척일대에 상륙한 북한군과 접전케된 각 경찰서 병력은 군과 합동 작전 끝에 대관령으로 결집하여, 전열을 재정비, 대관령을 중심으로 29일까지 지연전을 전개, 성공적으로 북한군을 저지하였으나 서울의 함락으로 29일 19:00에 강원도 제1차 저지선이었던 대관령에서 단계적으로 철수를 하게 되었다.3)

이후 각 배급소로 식량을 배급하는 일이 폭주하였다. 26일 오전 10시경 육군하사 1명이 사무실에 나타나서 식량이 없어 중대가 곤경에 처해 있으니 쌀 50가마니를 요청했다. 그래서 소속 사단 및 중대 확인과 본인 사인을 받고 전무와 상의하여 출고하려 했는데 운전병이 30가마 이상 적재하기 어렵다고 하여 30가마만 출고하였다.

직장과 시내 상가할 것 없이 전쟁이야기로 술렁이고 있었다. 그러나 쌀은 제천 출장소로부터 계속 들어왔다. 제천에서 들어오는 식량은 하루평균 500~600가마였고, 각 창고마다 빈틈없이 식량이 가득 차기 시작했다. 당시 금융조합에 근무하던 이북 출신 운전기사들은 북쪽을

---

3) http://hispol.com.ne.kr/자료/625전쟁과 경찰1.htm.에서 입수함.

격렬히 비난하면서 "승리는 우리 것이며 그들에게 밀리지 않는다!"고 큰 소리쳤다. 전쟁은 그들의 생각과는 반대로 전개되었다.

라디오는 일제 강점시대 만들어진 고물이라서 도무지 음성을 분간하기 힘들었다. 전쟁 상황은 시시각각 심각해졌고, 이승만 대통령은 서울을 사수할 것이니 '국민은 안심하라'는 방송을 연속해서 내보냈다. 또한 내무장관 백성욱도 같은 내용

白性郁 6·25 당시 내무장관-그는 스님이었다.

의 방송을 되풀이 하였다. 계속 이기고 있다는 것이다. 그런데 주변의 이야기를 들어보면 전반적으로 밀리고 있는 형세였다. 도무지 전황을 알 수 없었다.[4]

육군본부 공병감의 명령으로 하나밖에 없는 서울의 한강철교를 많은 피난길의 시민이 밀려들고 있음에도 폭파시켜 수많은 인명을 희생시켰다. 상부 지시에 의한 것이지만 후에 폭파를 실무한 공병감에게 모든 책임을 물어 사형시켰다. 흉한 민심과 정치에 대한 불만을 해소시키려는 처사라는 설이 많았다. 전쟁 개시 3일 만에 서울이 적에 수중에 들

---

4) 당시 이승만 대통령은 스님인 백성욱을 내무부 장관에 앉혔다. 만나는 사람마다 합장을 하는 등 참으로 기이했다. 그는 본래 1897년 서울에서 태어나서 14세에 봉국사 최하옹 스님을 은사로 출가한 후 서울 중앙학림을 졸업한 후 경성 중앙학림을 거쳐 3.1운동을 전후해 상해 임시정부에 참여하고 프랑스 유학을 떠났다. 독일 벌쓰부르크 대학 철학과에서 1925년 10월 철학박사 학위를 받고 1926년 현 동국대 전신인 중앙불교전문학교 교수가 되었다. 그리고 1928년 9월 돌연 교단을 떠나 금강산으로 떠났다. 1950년 2월에는 내무장관에 임명되었고, 1953년 8월 동국대 총장(~1962), 사임후 부천 소사동에 '백성목장'을 열고 84세로 입적하였다. 하지만 6·25 전쟁 당시 한강 인도교를 무차별 폭파하여 수많은 인명을 해친 주범이었으며, 50년 7월 8일 대전형무소 2000여명의 재소자 학살사건 때에는 이승만과 함께 학살을 결정하였다.

어가고 패색은 짙었다. 6 ·
25 전쟁이 나자 아내의 사
촌동생이 영월 경찰서에 있
었는데 그가 "피난가야 한
다"고 했다. 일단 아내와 아
들은 영월 큰 처가에서 전
쟁을 피하도록 했다. 그리고
틈이 나자 곧바로 피난을
떠났다.

끊어진 한강다리

♌ 우왕 좌왕 영월이 함락되다

6월 27일 지프를 탄 경관 2명이 영월 금융조합 양곡 업무 당당자인 나를 찾아왔다. 그리고 강원도 전투경찰사령부까지 동행하자고 했다. 이들과 함께 금융조합 앞에 도착하니 같이 근무하는 조석현을 만났다. 혼자 가도 되겠느냐고 하면서 따라나서길래 지프차를 타고 영월발전소 2층에 있는 강원도 경찰사령부의 소장실로 갔다. 전투경찰 사령관이 반갑게 맞아주면서 쌀 50가마니를 지원하라고 요청했다.

쾌히 응락한 다음 그곳 사령관실에서 제공한 국 같지도 않은 국과 주먹밥으로 점심을 때우고 피난지로 돌아갔다. 그 이후 경찰 사령부로부터 아무런 소식이 없었다. 그래서 모두들 궁금하였는데 나중에 소식을 들으니 그날 곧장 영춘면을 경유하여 타 지역으로 이동했다고 한다. 시절이 시절인 만큼 애를 많이 태웠다.

영월은 7월 2일~8일 제천은 7월 4일 그리고 춘양은 7월 9일, 영춘을 비롯한 단양은 12일경에 인민군에 의해서 함락된 것으로 보인다. 일단 나의 기억과 전투경찰의 전투기록과는 몇 가지 차이가 있다. 어쨌든 내 기억으로는 7월 1일 국군이 후퇴하고 난 다음 경찰이 남아서 7월 4일까지 대응했으며, 전투경찰 결사대가 붕괴되면서 7월 5일 아침 인민군에게 영월을 점령당했다.

7월 5일 새벽 영월시내로 따발총으로 무장하고 흰색 조랑말을 탄 T자 계급장의 인민군이 들어 왔다. 그들은 우선 영월 시내를 사전 답사하였다. 모든 장비 운반은 말에 의지하였으며 시내가 말똥 냄새로 진동했다.

일제 말 영월화력발전소 전경- 6·25발발 직후 이 발전소 건물 2층에 강원도 전투경찰사령부가 설치되었다. 당시 영월 금융조합에 있던 나는 사령관에게 50가마의 군량 제공을 약속했다. 하지만 이후 곧바로 후퇴하여 소식이 두절되었다.

그날 인민군들은 지방 안내원(남로당원)을 데리고 경북 춘양으로 이동하였다. 도중에 상동면 녹전리에서 경찰과 조우하였고 전투가 벌어졌다. 그 전투에서 경찰 토벌대가 전멸하였다는 소식을 들었다. 이와 관련된 전투경찰사령부 전투기록을 보면 다음과 같다.

1950년 6월 25일 전쟁이 발발하자 7월 1일 영월과 울진을 제외한 강원지역의 전 경찰서는 군과 함께 철수를 시작하였다. 당시 강원도 경찰국 비상경비사령관 윤명운 경무관은 전투경찰사령부를 제천으로 이전하여 철수 경찰경력을 수습하였다. 그리고 상동중석 광산과 화력발전소가 있는 영월을 사수할 결심을 하고 김인호 총

경으로 하여금 전경 제8대대와 홍천 인제 경찰서 경력 100명으로 영월사수를 지시하였다. 그러나 중과부적으로 영월을 포기하고 사령부도 단양으로 이동하였다. 윤명운 사령관은 단양경찰서 후정에 단양지구 경찰관을 집결시킨 다음 영월을 사수 결의하고 7월 3일 15:00에 제 9대대 3중대를 선두로 영월시내에 돌입하였다. 부대가 磨磋(마차)의 외곽도로에 진주했을 때 인민군이 공격했고, 일부 인민군은 경찰부대의 퇴로를 차단코자 上東(중석광산쪽)으로 우회했다.

7월 4일 04:00에 영월 북방 4km 동산령에서 인민군 공격을 받았고, 三玉방면으로 우회한 인민군의 포위로 인해 7월 5일 06:30에 다시 영월에서 물러났다. 이어서 7월 7일 06:00에 상동에 철수하여 전열을 정비한 전경 제1중대는 사령부 명령에 따라 47명의 결사대를 편성, 김해수 경위지휘하에 재차 영월을 공격하였다. 결사대는 기관총 1정을 거치하고 트럭을 이용 상동을 출발, 7월 8일 14:00 碌田里(녹전리) 송현사에 진출하였다. 여기서 백병전이 있었고, 김해수 경위 및 석상익 경위를 위시한 24명이 전사하였고, 부상 7명을 포함한 잔여경력 만이 원대 복귀하였다.[5]

7월 4일에는 제천 부근 가리파재가 실함되면서 제천이 함락되었다. 다시 후퇴한 국군은 단양지구를 방어하기 위하여 남한강 남쪽에 진을 쳤다. 다시 인민군은 단양 평동의 매포국민학교에 진을 치고 남하를 준비했다. 결국 7월 8일까지 남한강에서 방어한 국군 8사단은 더 이상의 저항을 포기하고 죽령에서 저지하다가 7월 12일 경 풍기로 남하하였다. 마침내 7월 12일 인민군이 단양경찰서를 소각하는 시점에서 단양군도 완전히 함락되었다.[6]

당시 전투경찰의 활동을 보면 다음과 같다.

전투경찰 제8대대는 7월 9일 01:00에 이하영 경감과 조영경감이

5) http://hispol.com.ne.kr/자료/625전쟁과 경찰1.htm.에서 입수함.
6) 『단양군지』, 2006, 140쪽.

지휘하는 2개 중대와 작전참모 전형산 경위를 급파했고, 녹전과
서벽을 지나는 인민군과 조우하면서 춘양 외곽고지에 방어진지를
구축하였다. 04:00경 교전이 시작되었지만 중과부적으로 8명의
전투경찰이 전사하였다.

그때 둘째 형의 처남은 외아들로서 미혼이었는데 양복 수리점을 하
다가 경찰에 투신했다고 한다. 그런데 김해수 경위가 지휘하는 녹전리
전투에서 전사하고 말았다. 해방 후에도 나를 만나면 시미즈 선생님이
라고 하며 깍듯이 대해 주었던 그였는데 참으로 애석했다.

영월로 인민군이 들어오자 나는 그들에게 가까이 가서 "여기에는 식
량이 없는데 배급을 언제 주느냐?"고 물으니 그 인민군은 무뚝뚝하게
"기다리시오"라는 말을 하고 돌아갔다. 시내는 인적이 끊기고 적막하기
그지없었다.[7]

자전거 수리점을 경영하던 김용학이 인민군이 있는 것을 보고는
"M1총이 있는데 그 놈들 죽이면 어떻겠는가?"라고 물었다. 내가 "후환
을 감당 하겠는가?"라고 말하자 아무런 말도 없이 골목으로 사라졌다.

그로부터 얼마 후 들은 이야기지만 금융조합 직원인 김양득이 피난
지로 가려고 집을 나섰는데 조랑말을 탄 인민군이 와서 내리더니 "동
무! 어디를 가오? 가지 마시오!, 좋은 세상이 돌아왔으니 잘 살기오!"라
고 말하면서 지나갔다고 한다. 그 때 그는 오싹한 한기를 느꼈다고 한
다. 인민군들은 보는 눈이 참으로 섬뜩했다. 독사가 먹이를 보는 듯 사

---

7) 이 대화는 금융조합 직원으로서 당시 우창한 선생이 인민군에 대해서 큰 반감은 없었다는
것을 말하기도 한다. 아울러 우창한 선생이 보도연맹원 사무실을 찾아가는 것으로 보아 당시
보도연맹원간에는 일정한 인간 관계가 있었고, 이러한 인연이 인민위원회에 들어가게 하는
원인이 되었다고 추정한다. 그러나 현실적으로 그러한 '관계'에 대한 구체적인 증언을 받기
힘들다. 이 부분은 역사의 미궁이다.

나왔고, 웃음이 없는 사람이었다. 주로 "동무 이거하오, 동무 안 되오!" 라고 하는 정도만 말하고 달리 말이 없었다.

나도 지나가는 인민군에게 "어떤 일이 있냐?"고 물었지만 아무 말도 하지 않았다. 이들 인민군은 몽땅 경상도로 전진하려고 춘양 쪽으로 나아갔다.

국군 후퇴 직후 영월읍 치안대가 만들어졌다. 이들은 인민군이 진주하기 전에 주로 보도연맹원을 중심으로 영월군의 치안을 유지하고자 만든 모임이었다. 인민군들 모두 전선으로 내려간 다음 영월에 주둔해 있는 사람들은 주로 빨치산이었다. 7월 6일 영월 자치치안대를 찾아가 보았더니 과거 보도연맹원들이 진로를 숙의하면서 부산하게 움직이고 있었다. 하지만 전쟁초기라서 계통이나 조직력도 없이 간판만 내걸고 있었다.

이후 인민군이 남진하고 나서는 북한에서 파견한 정치공작대가 왔다. 이들이 주도가 되어 영월군 인민위원회를 구성하고, 각 주요 보직을 결정하는가 하면 북한 경찰(내무서원)들이 치안유지를 위해 자리를 잡았다. 아울러 각 남한의 기관은 접수하자마자 북한에서 그 방면의 경험을 가진 사람들이 별도로 파견되어서 관리하기 시작했다. 대체로 북한식 행정기관이 구성된 것은 7월 5일 인민군이 진주한 이후였다. 그 중에서 내무서원들은 한국 경찰 중 악질인 인물이나 보도연맹 연맹원으로서 과도하게 한국경찰에 협조한 사람을 춘천방면으로 압송하는 일도 했다.

♌ 의용군 간 친구들

피난시 먹는 것과 입는 것은 미리 준비한 음식과 옷을 이용했다. 그래도 모자라면 영월 처가에 다시 돌아가서 구했고, 감자 등은 처가집 밭에서 캐왔다. 가는 길에 인민군이 있더라도 별다른 제지를 하지 않았다. 그런데 어느 날 장모와 아내가 감자를 캐고 있는데, 급기야 미군이 다리를 포격하는 일이 있었다. 그래서 급히 다리를 건너 엄씨가에서 파놓은 뒷산 방공호에 숨기도 했다.

나는 의용군에 참가하지 않았지만 고향 영춘에서 젊은이들은 내가 가르친 제자를 비롯하여 거의 대부분 의용군에 참가하였다. 내 친구 중에도 국민학교 동기인 서해범이 의용군에 갔다. 그는 영월 금융조합에 나랑 같이 근무했는데, 못된 성벽이 하나 있었다. 그것은 평소는 얌전하다가 술만 먹으면 주정을 부리는 버릇이었다. 그것도 영월 금융조합의 강철호 이사에게 대놓고 주정을 부렸다. 한 두 번이 아니었다. 이에 강이사가 감정이 생겨 단양 금융조합으로 강제 전출을 시켰다. 이 사람은 국졸인데 단양조합은 직원이 모두 중졸 이상이라서 도저히 견딜 수 없다는 판단이었는지 결국 직장을 그만두었다. 어느 날 들에서 발동기에 벼를 찧고 있는 모습을 보고 '저 일을 하면서 어찌사누?' 하는 생각을 했다. 결혼도 한 것으로 안다. 그런데 느닷없이 의용군에 입대한 것이다.

의용군은 충북 음성에서 영월과 정선을 지나 설악산 쪽으로 해서 북으로 넘어갔다. 다른 사람들은 대부분 빈손으로 가는데 그 사람 혼자만 칼빈 총 하나를 들고 가고 있었다. 그는 본래 공산주의를 반대하는 사람이었다. 전쟁이 발발하자 무슨 이유인지 의용군에 자진 입대하였는데 영영 소식이 없어 안타까웠다.

의용군 결단 모습-서울-

지금도 종종 그를 생각하면 그립다. 당시 의용군은 강제로 가는 것이 아니라 자율적으로 갔다. 젊은이의 우쭐한 마음도 있었을 것이다. 권유를 받아서 가는 것이라서 가지 않아도 되었는데 왜 그렇게 갔는지 참으로 궁금하다.

북한은 의용군을 감언이설로 속여서 편성한 다음 유엔군의 폭격과 화력 앞에 총알받이로 내 몰았다고 여겨진다. 좌익의 순수성을 이해하려는 남한 사람을 철저히 배반하면서 총알받이로 내몰았던 의용군제도에 대하여 앞으로 많은 연구가 있기를 바란다.

♌ 보도연맹 학살

한국 군대가 후퇴할 때 보도연맹이나 좌익을 건드린 적은 없었으나 경찰은 학살을 주도하였다. 당시 한국경찰은 국민들을 너무나 잔혹하게 대했기에 검은 옷을 입은 깜둥개라고 불리기도 했다. 『단양군지』(2006)에 따르면 후퇴할 때 8명 정도의 보도연맹원을 처형했다고 하는데 구체적으로 알 수 없다. 그리고 51년 1·4 후퇴 이후 국군이 다시 진입하면서 영월에서 민간인을 학살한 것은 주로 국군 패잔병들이었다. 무수한 인명을 해쳤다. 그때는 중국군에게 당한 참혹한 패전의 분풀이를 '빨갱이 사냥'으로 풀려는 속셈으로 보였다.

보도연맹원을 학살하는 국군

보도연맹원 학살사건에 대하여 부언할 것이 있다. 전쟁 초기 대부분의 보도연맹원들이 학살되자 인민군이 들어왔을 때는 반대로 학살가담자와 그 가족들에 대한 보복이 발생했다.

국군이 재탈환했을 때는 다시 보도연맹원과 인민군 협력혐의자에 대한 보복학살이 되풀이되면서 남한 전체가 학살장으로 변했다. 학살 주체도 처음에는 이승만 정권의 군과 경찰 등 국가기구였다. 그리고 1차 보복학살에는 인민군과 지방 좌익, 보도연맹원 및 그 유가족이, 다시 국군이 온 다음의 2차 보복에는 한국 경찰과 그 유가족이 자행했다. 그리하여 초기 주로 보도연맹원 등 주로 좌익혐의자에 대한 정치적 학살에서 점차 개인의 사적 감정에 근거한 보복학살로 확대되었다.

6·25 직후 형무소 수감자를 데리고 학살 터로 가는 장면-전쟁초기 보도연맹원을 예비 검속하여 수감한 후 좌익가담 등급을 정하여 학살하였다. 학살은 실제 좌익가담 정도 가 아니라 대단히 임의적이었다. 출전- http://tong.nate.com/kimbkimb/18755887)

보도연맹원 중에는 영동 중학교에 근무하던 김진모라는 친구가 있었다. 나랑 농업학교 동기였다. 남로당에 많은 사람들이 가입하던 1947년 경 그는 당시 중간고사 성적표를 정리하고 있었는데, 옆자리의 교원이 "지금 해방되고 자꾸 여러 가지 단체가 생기고 다른 사람들은 단체에 가입해서 활동하고 있는데 우리도 뭘 해야 될 것 아니냐?"라고 하면서 남로당 가입을 권유했다고 한다. 그래서 그는 "교원이 뭘 하느냐. 애들 잘 가르치면 그만이지. 내 도장 거기 있으니 마음대로 하라"고 했다. 당시 중간고사 성적 정리할 때였기에 도장이 옆에 있었다. 결국 뜻하지 않게 남로당 가입서에 도장을 찍고 말았다. 이 이유로 나중에 보도연맹원이 되었다. 결국 전쟁이 발발하자 경찰이 구덩이를 파게 한 다음 쏴 죽인 것이다.

주의·주장이나 사상이 무엇인지도 모르는 많은 사람들이 감언이설에 속아 남로당에 가입했다가 발각되어 보도연맹에 들어갔다. 국군이 후퇴 할때 경찰이 나서서 그 많은 보도연맹 사람들을 총살시킨 것을 생각하면(후세의 역사가 심판하겠지만) 통치자와 경찰의 무모함이 극에 달했다고 할 수 있다.[8]

현재의 영춘의 13용사 묘를 지나 고개를 하나 넘으면 인민군 사단 본부가 있었던 의풍리가 있다. 이북 출신의 김 모 경사라는 사람이 있었는데 '빨갱이 잡는다'고 하면서 많은 사람들을 괴롭혔다. 조그마한 혐의만 있으면 무조건 빨갱이로 몰아서 죽였다. 그러던 중 충북과 경북의 접경인 영춘면 의풍리에 가서 후퇴하는 인민군을 잡겠다고 하여 반 강제로 많은 사람들을 몰고 갔다. 그러면서 국민학교에 주둔하고 있었는데, 산 숲에서 인민군의 공격을 받아 결국 죽음을 당했다. 그때 같이 있던 국민학교 교원 한사람도 죽었다.

또한 일제하에 북한에서 경찰에 근무하다가 월남한 두 사람이 있었다. 이들은 전쟁이 발발하던 초기 국군이 후퇴할 때 경찰의 지시로 영춘군 남천리에서 은밀한 공작을 하던 인물이었다. 그때 같은 동리에 거

---

8) 국민보도연맹은 1949년 4월 21일 박우천(朴友千)을 이사장으로 하여 결성되었고 다음과 같은 강령을 표방하였다.
   1. 우리는 대한민국정부를 절대지지 육성을 기함
   1. 북한괴뢰정부를 절대반대 타도를 기함
   1. 인류의 자유와 민족성을 무시하는 공산주의사상을 배격·분쇄를 기함
   1. 이론무장을 강화하여 남북로당의 멸족파괴정책을 폭로분쇄를 기함
   1. 민족진영 각 정당·사회단체와는 보조를 일치하여 총력결집을 기함.

주하는 한 여자가 후퇴하는 인민군에게 그 사람을 밀고하였고, 체포된 후 사살되었다. 이후 정보를 제공한 이 여성도 다시 국군이 들어오고 경찰에 그 사실이 탄로가 나서 영춘 국민학교 앞 한강 댐에서 사살 당했다. 어떤 좌익은 사람들 보는 앞에서 경찰들에게 구타를 당했는데, "아이고 사람 죽네..이제 죽는구나!" 하고 비참하게 절규해도 어느 누가 그렇게 잔혹한 혹형을 막아서는 사람이 없었다. 그 사람 또한 살아남지 못했을 것으로 추측된다. 그 외 단양군내에서 보도연맹원에 대한 대대적인 학살 소식은 잘 알지 못한다.

아무리 전쟁통이라 해도 보도연맹과 같은 민간인 대량 학살이 자행되지 않는 곳은 인민군 치하에도 보복학살이 없었다. 예를 들어 거창군 가조면에서 생활하던 변용수(1924년생) 선생은 "가조마을은 전통적으로 동족부락이고 자작농이 많으며 지주가 없는 마을이어서 사상적으로 좌니 우니 하는 갈등도 없었다. 그렇다보니 보도연맹이나 남로당에 가입한 사람도 적었으며 보도연맹에 대한 학살도 없었다. 이에 거창양민학살 사건이 난 거창군 신원면과 달리 가조면은 인민군이 진주한 다음에도 유가족의 보복이 없었다. 결국 6 · 25 전쟁 시절에 전반적으로 마을의 희생도 적었다"고 회고했다.[9]

이러한 거창군 가조면과는 달리 영춘에서는 전선의 복잡한 이동과 학살 그리고 보복 나아가 전투에서 패한 국군 패잔병들의 인간 이하의 망동으로 인해 6 · 25의 상처를 키우고 키웠다.

---

9) 국사편찬위원회 구술사 연구, 「한국 근대 신문기술의 산증인, 변용수」, 2006.7.25, 제1차 구술.

♌ 방절리 피난 생활

7월 2일 새벽에 아내가 일어나서 아침을 준비하고 우리 가족은 아침 밥을 먹은 다음 피난 준비를 했다. 많은 사람들이 집을 떠나겠다고 말했다. 부슬비가 내린 길거리는 질퍽질퍽하였다. 상황을 파악하려고 거리를 돌아다니다가 경찰서 앞에 가보니 경찰들이 트럭을 세워놓고 후퇴 준비를 완료한 상태였다.

7월 3일 아침 식사를 마치고 처가 식구들과 함께 피난길에 올랐으나 영월에서 28km지점인 제천군 송학에서 멈추어 다시 돌아왔다. 두 살짜리 아들 선규를 안고 남부여대(男負女戴)하여 도보로 하염없이 걷는다는 것은 불가능했다. 대신 영월읍 근처 한적한 곳에서 피난하기로 했다. 그래서 처가 식구들과 함께 영월읍 방절리[10]로 피난했다. 어머니 산소가 있는 근처였다. 2006년 7월 중순 기습폭우로 다시 이 지역이 물난리를 겪었다는 소식을 듣고 그 당시를 또 다시 회상하게 된다.

방절리에서는 어떤 집을 물색하여 윗채는 주인이 쓰고 아랫채에서는 우리가 생활했다. 피난지라도 집단적으로 피난민을 위한 천막이나 피난촌이 있는 것이 아니라 기존의 주택에 부탁해서 들어가 사는 것이었다. 물론 집세는 없었다. 이는 동란(1 · 4후퇴 이후) 때도 마찬가지였다.[11]

---

10) 단종이 죽은 청령포 지역인데 밑으로 서강이 흐른다. 거기에는 단종을 위해 어떤 신하가 지었다는 다음과 같은 시가 전해진다. "천추의 원한을 가슴 깊이 품은 채 적막한 영월 땅 황량한 산 속에서 / 만고의 외로운 혼이 홀로 헤매는데/ 푸른 솔은 옛 동산에 우거졌네 / 고개 위의 소나무는 삼메에 늙었고/ 냇물은 돌에 부딪혀 소란도 하다/ 산이 깊어 맹수도 득실거리니/ 저물기 전에 사립문을 닫노라".
11) 당시 사람들은 6 · 25전쟁 이후는 사변시기, 1 · 4후퇴 이후는 동란시기라고 불렀다.

취사는 주인 부엌에서 같이 했으며, 샘물도 같이 썼다.

6·25전쟁이 발생했을 때 한 밤중에 금융조합에서는 직원들에게 피난할 때 사용하라고 돈을 내어 주었다. 하지만 실제로 인민군 치하에서 돈을 사용한 적은 없었다. 방절리에 있을 때 인민군이 내려왔다.[12]

물품은 현물세라고 하여 강제 공출하였는데, 한국의 공출은 할당에 따라 진행되고 예상 수확고 조사로 이뤄지지만 인민군의 경우 과일 수나 좁쌀 한 톨까지 세어서 총량의 30%를 '인민의 것'이라는 명분으로 현물세로 징수했다. 그러나 실제로는 상황이 어려워 전혀 징수하질 못했다.

한번은 지모라는 아내의 친구가 호구조사를 하러왔다. 이 모습에 놀란 나머지 아내는 "왜 적어, 뭘 적어? 저리 가"하며 쫓아냈다. 조사원들은 "교회 다니는지 절에 다니는지" 등도 물었다.

이 조사원 가족은 결국 모두 월북을 했다고 한다. 영월화력의 큰 처남은 방절리 피난소에서 몰래 숨어서 징발을 피하고 있었다. 금융조합에 근무하는 사람들은 특별한 지시에 의해서 군청(군 인민위원회)에 출근한 것은 아니었다. 자의반 타의반이라는 표현이 정확할 것이다. 당시 인민위원회에 참가했던 금융조합 직원들은 나중에 국군이 들어오고 특히 태백산 전투사령부를 지칭하는 사람들에 의해서 구군청 뒷마당에서

---

12) 부인인 전호분의 증언에 의하면 "영월읍 방절리에 있을 때 친구들이 친구가 와서 호국청년대라든가 호국청년인지 청년대에 들으라고 해서...그것이 사변 때 들춰 나와서 있을 수 없었고...그래서 영춘에 가서 숨어 있었다. 결국 모든 일이 어려운 상황으로 전환했다. 호국청년대 명단에서 강력하게 빼달라는 요청도 무시되었다. 이것이 주위로부터 부역자로 몰리는 중요한 계기가 되었고, 죽음보다 어려운 상황이 닥치기 시작했다"고 한다. 사실 호국청년대는 우익단체이고 해서 좌익가입과는 다른 이야기가 혼재되었기에 우창한 선생이 호국청년대에 가입했다는 전호분여사의 증언은 몇 가지 사실이 혼재된 것으로 보인다. 1949년 우창한 선생은 호국청년대에 가입되어서 훈련을 받았다고 증언하고 있다. 따라서 전호분 여사는 우창한 선생이 남로당과 호국청년대 모두 가입된 것을 하나로 기억하고 있는 것이다.

모두 사살되었다.

6 · 25직후 하도 고생을 많이 해서 그런지 이듬해 1 · 4후퇴 때는 처백부(당시 처가를 이끌던 최고 어른이었다)가 처가 식구 30명을 모두 이끌고 정처 없는 피난길을 떠났다. 사변(6 · 25) 때보다 오히려 동란 때(1 · 4후퇴) 피난 생활이 훨씬 힘들었다.

피난소에 있을 때 인민군이 직접 강제노동을 시킨 경우는 없었으나 그들이 후퇴할 때 짐꾼으로 몇 사람을 차출하여 데려갔다. 피난소 시절 에는 모든 것이 혼란스러워서 물건을 매매하는 일이 없었고, 돈을 이용 할 수도 없었다.

금융조합 창고에 보관 중이던 식량은 운반꾼을 일반 민가에서 강제 로 인원을 동원하여 산길을 이용 대구 팔공산 전투지로 운반되었다. 인 민군은 운송로 중간지점에 전공의(의사)를 파견하여 동원된 사람의 건 강을 체크했다. 물건을 나른 사람은 시키면 시키는 대로 일을 하는 무 척 순진한 사람들이었다.

피난 시절에 몸이 아프면 소다를 타먹는 등으로 때우고 거의 병원 신세는 지지 않았다. 피난처를 지나던 인민군이 뭐하느냐 하면서 묻는 경우 남자들은 헐레벌떡 숨었고, 여자들과 아이들만 나올 수 있었다. 이들 인민군들은 일체 피난처에 대한 가혹행위를 하지 않았다.

♌ 토지개혁 실무

6 · 25와중에 인민군의 강압 때문에 자의반 타의반으로 영월 인민위원회에 참가했다. 특별한 직위는 없고 모두가 의자에 앉았다가 퇴근할 정도였다. 본심도 아니었는데 그들을 기피하면서도 26세 어린나이에 방향을 잡지 못한데서 이뤄진 행동임에는 틀림없다. 어쨌든 영월군 인민위원회 식량과에 있을 때 북한이 토지개혁을 한다고 나를 남면 oo리에 파견하였다.

당시 토지개혁 방법은 일률적으로 그 지역 이장이 가지고 있는 농지

김일성과 박헌영

대장에 근거하여 세대 수를 정하여 1인당으로 일률적으로 배당하는 방식이었다. 즉 동네 총 농지면적을 세대 수로 나누어 배당하는 방식이었다. 지주한테도 통보하지도 않은 상황에서 평수만 맞추어서 배분했기에 현실을 무시한 배당이 많았다. 예를 들어 무조건 면적분할만 하다보니 10리나 떨어진 곳의 토지도 배당하는 등의 일이 빚어졌다.

그럼에도 실무자들은 주민의 습격을 두려워하여 저녁은 국민학교 교실 책상 밑에서 취침하는 등 곤혹을 치렀다. 어쨌든 우격다짐으로 토지개혁을 했으나 그 결과를 보고할 때는 사실상 숫자상의 토지 배당에 그친 탁상행정이었다. 토지개혁을 하고 돌아와서 인민위원회 담당자에

게 보고하니 피씩 웃으면서 토지개혁이 아무런 의미도 없는 듯 제대로 처리하지 않았다. 그래서 결과는 유야무야되고 말았다. 김일성이 남한에서 토지개혁을 실현했다고 선전했으나 실제로 알려진 만큼 제대로 토지개혁이 달성된 것은 아니었다. 남면에서 토지조사 및 토지개혁을 하던 중, 그곳 국민학교로 공습인지 유격투쟁인지 하여간에 공격이 있어 책상 밑에 숨기도 했다.

당시 영월군 인민위원회 위원장은 북에서 파견된 사람이었다. 나는 금융조합 출신으로 식량과에 배속되었는데 전혀 체계가 없었다.[13] 당시 영월군에 저장된 쌀은 대략 전라미를 중심으로 5~6천 가마니 정도였다. 전라미가 80% 경상도미가 20%비율이었다. 팔공산 전투가 치열할 즈음 한사람에 한말 정도 지게 하여 안동으로 수송했다.

전쟁초기라서 인민군 치하였음에도 돈은 구래의 조선은행권을 가지고 이용하였다. 한국은행권은 6월 28일 인민군이 서울을 점령한 후 한국은행에서 조선은행권을 꺼내 유통시킨데 대한 대응으로 7월부터 발행되었다. 그리고 8월부터 조선은행권 통용이 금지되었다. 따라서 6 · 25전쟁은 역설적으로 한국은행권의 발행을 촉진시켰다. 그런데 8월의 조선은행권 사용금지령에도 불구하고 영월군과 같은 지방에서는 계속해서 옛 돈을 사용했는데, 단지 인민군 치하에서는 조선은행권을 사용할 기회가 없었을 뿐이다. 인민군이 북조선 중앙은행권을 강제하지 않은 것은 현지의 조선은행권 중심 경제를 완전히 부정할 경우 나타나는

---

13) 이렇게 우창한 선생이 군 인민위원회에 동원된 것은 전선에 식량을 효율적으로 조달하기 위해 당시 금융조합에 근무하던 사람들을 동원하면서 비롯된 것으로 보인다. 그러면서 남로당, 보도연맹 출신이었다는 점도 참작의 대상이 된 것으로 보인다. 영월 함락 직후 곧장 우창한 선생이 보도연맹 사무실에 달려갔다는 점에서도 완전한 강제동원이었다고 생각하기 힘든 당시 상황이 있다. 묘한 역사적 사실들의 불완전하고 불규칙한 결합이다. 강제와 자발 사이에 묘한 수학적 좌표가 있는 듯하다. 생존의 공식으로 본다면 더욱 그렇다.

민심 이반을 걱정한 이유도 있을 것이다. 아울러 남한 화폐를 사용함으로써 남한 경제의 위기를 북한으로 이전하지 않으려는 의도도 있을 것이다.

6·25 전쟁 당시 영월군청의 조석현이 한국 돈 공금 2만원을 금융조합에 예금했던 기억이 난다. 즉 구래의 조선은행권이 계속 사용되고 있었다는 사실이다. 물론 북조선 중앙은행권(인민은행권)도 아내가 피난하던 중 어느 길가에서 발견했다고 하는데 그것을 볼 때 일부 지역에도 북한 돈이 사용된 것으로 추측한다.

한편 당시 쌀 보관소는 금융조합이나 개인 창고, 발전소, 각 사업장 등지였고, 보관증을 받아두는 것으로 재고 관리하였다. 그렇게 많은 쌀을 보관하는 이유는 당시 고바야시 광업이나 상동광업소에 수천 명의 노동자에 배급해야 했기 때문이다. 안동지역 인민군에게 보급된 쌀도 이곳에 있던 것이다.

방절리 전경

♌ 9월 영월에 국군이 오다

인천상륙작전을 즈음하여 유엔군이 물밀듯이 북상하고 있었다. 9월 중순경으로 기억한다. 단양은 9월 29일경 국군이 진주했다고 하는데[14] 영월은 이미 9월 중순경으로 기억된다.

50년 9월 유엔군이 북상하자 인민위원회에 소속되었던 나로선 어쩔 수 없이 고향인 영춘으로 피신해야 했다. 즉, 금융조합 직원 여러 명과 더불어 군 인민위원회 식량과에 근무한 일 때문이었다. 도중 무언가 전할 말이 있어 피난처(영월읍 방절리)로 되돌아가 아내를 만나고 업혀있던 아들(당시 2살) 선규의 볼을 만지고 엄마하고 건강히 잘 있으라는 마지막 말을 남기고 서강(西江, 영월 양 옆으로 동강과 서강이 흐른다)을 건넜다. 아내에게는 왜 가는지 말하지 않았고, 그냥 인민군이 후퇴하니 가야한다는 말만 남겼다. 아내는 내심 많은 걱정을 했을 것이나 아무런 하소연 없이 조용히 친정으로 들어갔다. 사실 가족과 헤어지게 된 것은 군 인민위원회에서 활동한 이유도 있지만 고향 영춘으로 들어가려면 험준한 태화산(太華山)을 넘어야 하는데 가족을 데리고 고향으로 돌아가기 힘들다는 판단에서 나 홀로 간 것이다.

방절리에서 고향으로 가려는 순간 사람들이 몰려와서 나를 인민군에 부역한 사람이라며 가로막고 길을 터주지 않아서 곤혹을 치렀다. 인민위원회에서 일한 이유로 북으로도 남으로도 가기 힘든 참으로 고달픈 시기였다. 다시 남하하여 산을 타고 고향 길을 더듬다가 고향 앞산 위에서 내려다보니 수명의 인민군이 북상하고 있었다. 날이 어두워지기를

---

14) 『단양군지』, 2006, 141쪽.

기다려 영춘면 하리에 있는 여울목(한강 지류)을 건너 동리 뒤를 돌아 담을 넘어 넷째 형(우계홍) 집에 다다랐다. 당시 넷째 형은 영춘 하리에 거주하고 있었다. 담을 넘어가니 쿵하는 소리가 났고, 그 소리를 듣고 형과 CIC(육군본부 정보처 산하 방첩대, 51년 5월부터 김창룡이 대장이 되었다)의 지방정보원이었던 천병헌이 달려왔다. 당시 천병헌에게 들킨 것이 너무나 후회스러웠다. 그리고 넷째 형님은 "왜 피난하지 않고 되돌아 왔느냐?"고 질책했다. 그래서 나는 "형님은 피난하지 않으면서, 내가 피난하지 않는 것을 뭐라 나무라느냐?"라고 대꾸했다. 며칠 동안 넷째 형 집에 있었으나 형이 후환이 있을지 두려워하고 또 내외분이 나를 기피하는 마음이 심하여 남산리 도창골에 있는 큰 형집으로 갔다. 그곳에서 윗방에 기거하면서 외출을 삼갔다. 문제는 천병헌이었다.

큰 형은 나에게 위해(危害)가 닥칠 것을 염려하여 천병헌을 초대하여 음식을 대접했다. 뒤를 봐주던 그가 다시 영월로 돌아가자 형님은 "난처하게 되었다"고 걱정하였다. 천병헌은 조병환과 강대룡을 살해한 혐의가 있었다. 천병헌은 어느날 CIC 요원 한사람과 함께 같은 마을에 사는 조병환과 강대룡을 잡아서 밤나무 고개에 데리고 가서 죽였다. 그 중에서 강대룡은 그와 보통학교 동기였다. 그럼에도 그 친구를 죽인 것이다. 마을 사람 모두들 천병헌의 짓이라고 알고 있었다. 그러나 아무도 그 이야기를 입 밖에 내지 못했다. 후환이 두려워서 그랬다.

그런데 어느 날 그가 나에게 "눈이 말똥말똥한 놈(강대룡을 지칭함)을 총으로 쏴 죽였지..."라고 말했는데, 그 사건을 말한 것으로 보인다. 특별히 좌익혐의가 없는데 죽인 것을 보면 아마도 개인감정에 의해서 죽인 것으로 보인다. 조병환은 당시 60세가량이었고, 아들이 서울신문

사 기자였는데 6 · 25전쟁 직후 월북했고, 손자는 서울대 재학 중 월북했다. 그래서 아무런 연고가 없이 서울에서 고향으로 내려왔고 조용히 살았다. 그렇지만 고향땅에서 천병헌과 그 일당에 의해서 사살당하고 말았다. 천병헌은 남이 잘되면 그렇게 싫어하는 사람이었다.

당시 CIC는 참으로 안하무인격으로 설치고 다녔다. 사상적으로 문제가 있는 사람이 이들에게 잡히면 그 어떤 아량도 받지 못했다. 경제적인 측면에서도 CIC 영월 주재원들이 조합의 재고미수량 표시 상단에 ※표시를 한 다음 정미소에서 몰래 22가마니를 인출했다. 이처럼 CIC는 당시 무법천지로 전횡을 일삼았다.

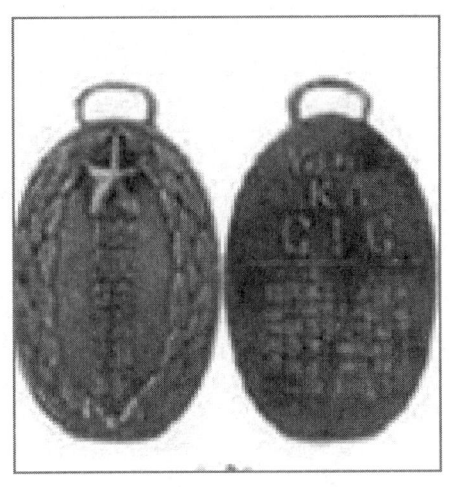

CIC 증명 표식

♌ 영춘에 은거하다

　국군의 북진 이후 나는 영춘에 피신했고, 부역자라는 굴레가 쓰인 채 하루하루 죽음의 공포와 싸워야 했다. 그 때 큰 조카 딸이 뇌사상태로 병석에 있다가 죽었다. 큰 형님이 얼마나 상심했을까. 그때 윗방의 큰 독에 술이 담겨 있었는데 밀짚으로 빨아 먹으며 우울함을 달랬다.

　영월군 인민위원회(군청)에 식량관계 업무에 2개월 정도 다닌 사실만으로 오도 가도 못한 채 피난 겸 피신 생활을 하는 것이 얼마나 어려운 것인지 겪어보지 못한 사람은 모를 것이다. 컴컴한 윗방에서 하염없이 지내기란 두렵기만 하였다.

51년 1월 영월 지역 군 작전 지도

♌ 1·4후퇴, 가혹한 폭격이 영춘을 불바다로 만들다

일단 국군이 북진했는데도 인민군과의 전투는 계속되었다. 넷째형인 우계홍이 쓴 수기「6·25동란으로 인한 영춘의 피화」[15]를 보면 1950년 11월 5일에는 경찰과 지방청년방위대가 영춘 의풍리 부근에서 인민군 패잔병과 격전을 벌여 8명이 전사하였고, 영춘 동대리에서 3명, 영춘 남천리에서 2명이 전사하는 피해를 입었다고 한다. 나중에 이를 기념하여 영춘에 13용사 묘를 만들었다.

특히 중공군이 참전한 다음 유격대활동도 활발해졌으며 이들을 진압하고자 경찰을 비롯하여 의용경찰대, 지방청년방위대 등이 총동원되었다고 하는데. 12월 중순경 단양지역에는 이들 인원이 1,200명에 달했다. 그리고 12월 13일에는 경찰이 유격대와 접전하여 74명을 사살하고 2명을 생포하는 성과를 올렸다고 한다.

1950년 12월 하순경 새벽에 영춘을 빨치산이 습격하였다. 이들이 이른바 평강군 후평리에서 조직된 남조선 인민 유격대(남부군)였다고 한다. 나의 기억과 그의 연구가 고스란히 일치되는 내용은 다음과 같다.

> 남한지역에서 활동하던 이현상 부대는 인민군의 남진과 함께 광범한 지역에서 전투를 벌였다. 이현상 부대는 유엔군의 9.15 총반격으로 지리산으로 들어갔다가 다시 북상하였고, 50년 11월 중순 평강군 후평리에 도착하였다. 당시 후평리에서 인민군과 유격대를 편성하는 임무를 수행하고 있던 이승엽과 이현상, 여운철 등은 협

---

15) 『단양군지』, 2006, 142쪽.

의하여 이현상에게는 유격대의 통일적 권한을 부여했다. 이승엽은 거기 모인 각종 소속의 유격대를 모아서 '남조선 인민 유격대'(통칭 남부군)라는 명칭을 부여했다. 이현상의 지휘아래 남하한 인민유격대는 승리사단, 인민여단, 혁명지대와 그 직속부대 등으로 구성되었다. 50년 12월 태백산맥을 타고 충북 단양지구로 내려와 문경경찰서를 습격하였다. 유엔의 공격을 받고 제천지구로 이동했다가 52년 2월 초 속리산까지 내려와 활동하다가 덕유산을 들어갔다.[16]

남부군의 단양 영춘 습격을 신호탄으로 1951년 1월 3일에는 대강지서가 습격을 받았고[17], 6일에는 인민군이 단양경찰서를 습격하여 경찰에게 피해를 입혔다.[18] 마침내 1월 중순에 영춘이 인민군의 지배하에 들어갔다. 당시 들어온 인민군은 제 2군단으로 미 10군단과 국군 3군단의 틈을 파고 들어왔다. 전체 시민이 혼비백산 남한강을 도강 피난하기에 여념이 없었다.

나는 큰형 집(영춘면 남천리 도창골)에 있다가 월담하여 뒷집으로 피신하였더니 빨치산 대원이 어디선지 보고 방문을 열었다. 문 뒤에 붙어서서 위기를 넘겼다. 당시 미군이 일반 피난민의 이동을 통제하는 등으로 피난민들이 전쟁터에 고스란히 내몰렸다가 폭격으로 큰 참변을 당했다. 이 조치는 1월초 리치웨이(Mattew B Ridgway) 8군 사령관이 휘하 군단장들에게 내린 '주민이동 통제' 지시에 의한 것이다. 그리고 휘하 군단에게 민간인들에게 사격하고 폭격할 수 있는 권한까지 부여하였다. 특히 소백산맥 일대를 관할하던 미 10군단장 알몬드(Edward M.

16) 김무용, 「해방 후 빨치산 무장투쟁의 역사」, 『지리산 빨치산 역사기행자료집』, 역사학연구소 1992 및 『경향신문』, 2000년 7월 12일.
17) 『단양군지』, 1990, 517쪽.
18) 『단양군지』, 2006, 142쪽.

Almond)는 1월 14
일 '우군으로 확인
되지 않은 모든
집단 군대 장소에
대해 지상무력과
공중폭격을 동원할
것'을 지시하면서
'적의 은신처로 사
용되거나 사용될
것으로 의심되는
전방주거지나 건물
들을 지체 없이

영춘면 남천리 계곡- 큰형집이 있던 곳으로 50년 9월
영월 방절리에서 이곳으로 피신했다. 이후 51년 2월부터
여기서 지내던 중 경찰과 CIC에 연행되었다.

조직적으로 파괴할 것'을 명령하였다.[19]

1월 19일 10군단 휘하의 7사단장 데이비드 발은 그 자신의 관할 구
역인 단양에서 무차별 폭격으로 약 8,000명의 피난민이 발생한 것을
알고 이 대책을 바꾸라고 요구했으나 오히려 해임되고 말았다. 그리고
이튿날 1월 20일, 곧바로 영춘에 대한 무차별 폭격이 진행되었다.

그날 나는 태화산(太華山, 해발 1027m, 영월군 하동면과 인접한 산)
에 피신해 있었다. 마침 내가 머물던 곳 근처로 인민군 2~3명이 지나
갔는데 미군기가 이것을 본 모양이다. 곧이어 대대적으로 폭격이 진행
되었고, 영춘 시내는 화염에 휩싸였다. 무슨 이유인지 미군 폭격은 무
시무시했지만, 정작 인민군이 다들 춘양으로 철수한 다음에 이뤄진 것
이라서 무의미한 폭격이었다.

---

19) 상동, 142쪽.

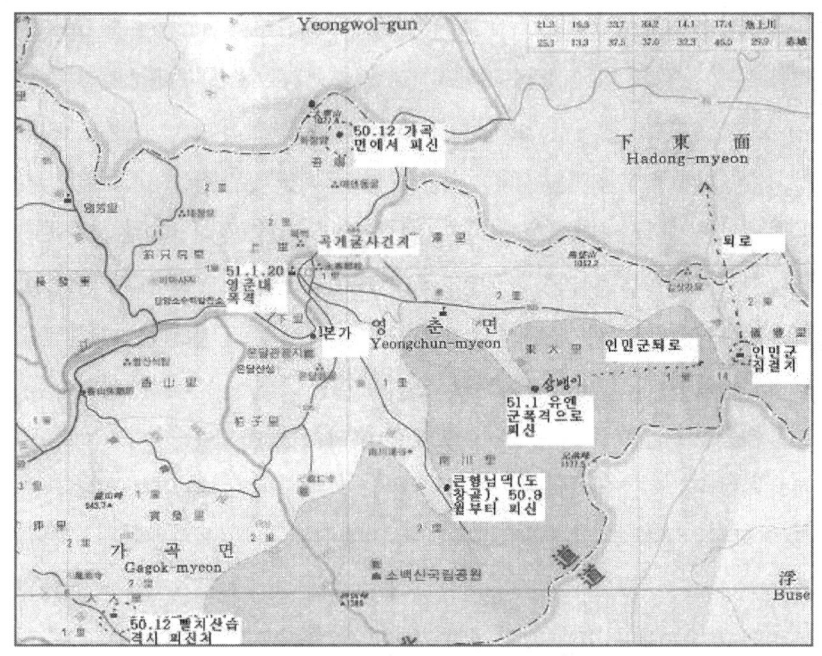

당시 피신경로- 50년 9월 1차 북진때는 영춘면 남천리 도창골(큰형집)에 있었고, 12월 인민군 빨치산 공습 때는 가곡면 그리고 다음에는 태화산으로 피신했으며 근처 고씨집에 거처했다. 51년 1월 20일 유엔군 폭격 시에는 삼뱅이골 사촌집에 숨었고, 다시 국군이 왔을 때 큰 형댁에 숨어 있었다.

무참히 민간인들의 건물만 폭격되고 정작 인민군과의 전투는 아니었다. 아마도 미군의 폭격을 불러온 한국측 정보능력이 취약했기 때문은 아닐지...

이 폭격으로 단양, 영월, 예천, 풍기 등 소백산 일대의 주변 민가가 잿더미가 되었다. 미군측 자료에 의하면 단양에서 경북 예천에 이르는 전 지역의 75%를 불태웠다고 한다. 주민들은 집에 들어가지도 못하고 각자 파놓은 방공호에 숨어 살아야 했다.[20]

---

20) 『단양군지』, 2006, 143쪽.

♌ 오도 가도 못하는 피난 신세

50년 12월, 그곳에 영춘면 남천리 도창골에 있는 큰 형집에서 머물던 중 빨치산 습격을 받았지만 겨우 몸을 피했다. 가까스로 이웃 가곡면(정확히 어느 동네인지 기억을 할 수 없을 만큼 황급히 숨어 있었다)까지 가서 국민학교 동기인 조성대와 빈집을 찾아 하루 잤다. 일어나 보니 사람들이 경찰과 함께 영남 지방(문경 점촌 방면)으로 출발한 뒤라 인기척이 없는 썰렁한 거리가 되고 말았다.

그래서 조성대에게 영춘으로 되돌아가자고 하였으나 거부하고 피난민을 급히 따라갔다. 그 후 3.8선 전투에서 인민군과 교전하다 전사했다는 소식을 들었다. 그의 어머니가 살아계셨을 때 전사자에게 나오는 연금을 계속 받았고, 조성대 동생도 전사했기에 그 형이 죽은 동생 둘의 연금을 받아 살았다. 그나마 어머니가 죽으니 연금도 못 받게 되었다.

당시 아내는 영월의 처백부집에 있었는데 맹장염에 걸린 채 시름시름 앓았고, 페니실린[21] 덕분에 겨우 목숨을 건졌다. 그때 영춘에 다시

---

21) 1929년 영국의 A. 플레밍이 푸른곰팡이가 포도상구균의 발육을 억제하고 있는 것을 발견하면서 이 곰팡이가 균에 대해 강한 항균성 물질을 생산하는 것을 발견하고 이 물질을 페니실린이라고 했다. 1940년 영국의 H.W. 플로리 및 E.B. 체인 등이 페니실린을 분리 추출하는데 성공하고 1941년 임상에 성공하였다. 페니실린은 미군의 한반도 진주와 함께 구호약품이 들어오면서 한국사회에 널리 퍼졌다. 구호약품에는 페니실린을 필두로 마이신 다이아진 비타민 등과 DDT 같은 소독약뿐 아니라 쥐약도 있었다. 이중에서 가장 인기를 끈 것은 페니실린과 다이아진이었다. 한국인에게 두 약품은 만병통치약으로 여겨져 '주사약은 페니실린, 먹는 약은 다이아진'이란 말을 만들어낼 정도였다. 동아일보사,『뉴스플러스』(No.176), 2006년 3얼 25일자. 전호분 여사도 미군이 가져다 준 페니실린 덕으로 생존하였다고 보아야 한다.

돌아가서 둘째 형의 큰 아들인 우남규를 만났고, 북쪽으로 한참 올라가서 태화산으로 피난했다. 그날 밤 태화산 근처의 어디 문짝도 없는 허름한 집에서 잤다.

태화산 전경

다음날 우남규는 온데간데없이 사라졌고, 홀로되어 근처 부서진 집에 들어가서 또 잤다. 이튿날에는 근처 고 모씨 집에 부탁하여 며칠간 유숙하였다. 그러다 인민군에게 후퇴하는 국군으로 오해를 받아 총탄 세 례를 받았다. 무서운 죽음의 순간이었다.

미군이 태화산을 포격했다. 그래서 다시 영춘면 동대리 삼뱅이골 사촌 형 집으로 몸을 피했다. 왜냐하면 소백산 자락에 인가라고는 그 형 집 하나뿐이라 대단히 외진 곳이었기 때문이다. 하루 이틀 지난 뒤 수

많은 인민군이 소백산 태백산을 거쳐 후퇴하기 시작했다. 하필이면 그 곳을 경유하여 영춘면 의풍리, 영월 와성리, 정선으로 해서 후퇴하고 있었다.

아마도 51년 2월초로 기억된다. 어느 날 인민군 장교 1명과 사병 여러 명이 삼뱅이골 사촌형 집으로 와서는 소를 내놓으라고 하였다. 형이 없다 고 하자 "들에 있는 소라도 잡아 가겠다"고 소리치니 형이 대신 닭을 잡 아주고서야 겨우 무마하였다. 그런데 그때 내가 적극 나서서 말려주지 않 았다고 사촌 형님 내외분이 못마땅하게 여겨서 난처하기 그지없었다.

1·4 후퇴 당시 영춘에서는 중공군은 볼 수 없었다. 서울이나 수원 근처까지 왔다는 이야기만 들었지 결국 그들은 오지 않았다. 아울러 정 치공작대의 경우도 사변기간에는 인민위원회를 구성하고 치안대를 조 직하는 등의 활동을 했으나 이 시기는 활동이 없었고, 북에서 사람들이 오지 않았다. 공동화된 점령지였다는 편이 좋을 것이다.

물론 당시 나는 어디로든 피난하지 못하고 그곳에서 숨어 지내야 했 다. 그것은 남으로 피난했을 때 닥칠 백색테러(국군에 의한 학살이나 테러)의 공포와 함께 북으로 갈 경우 모든 것을 상실하고 강압과 이산 그리고 수많은 고통이 예견되었기 때문이었다. 남으로 가기도 힘들고, 북으로 가기도 더더욱 어려운 그 딜레마 속에서 영남으로 피난 간 처 자와 이산한 채 하염없는 고통의 시간을 보내고 있었다.

인민군이 소를 내어놓으라는 사건으로 삼뱅이골 사촌형과 관계가 어 색해지면서 며칠 후 큰 형이 피난 중이던 영춘면 남천리 도창골로 자 리를 옮겼다. 큰 형집으로 가는 과정에 오사리를 지나면서 미군이 진을 치고 작전을 수행하는 것을 보았다. 미군은 우리를 보아도 아무런 제지 를 하지 않았으며, 오직 작전에만 전념하는 모습이었다.

♌ 국군의 재북진과 부역자 혐의

그때 국군이 북진하여 영춘에 돌아왔다. 국군이 북진할 당시 어떤 국군 대위는 자칭 태백산지구 전투사령관을 자처하면서 무조건 사람을 데리고 가서는 빨갱이 혐의가 약간이라도 있어 보이는 양민을 수십 명 사살했다. 학살 장소는 구 영월군청 자리 뒤쪽이었고, 그 때 나와 인민위원회에서 근무하던 두 사람도 사살당했다. 금융조합의 양곡계에 근무한 경력으로 어쩔 수 없이 군 인민위원회 식량계에서 활동했던 사람들이었다.

1950년 12월 16일에 찍은 태백산지구 전투경찰대 모습(사진으로 보는 경찰역사, 사이버경찰청, 2006)

그리고 이들 패잔병 대위가 자신을 '태백산지구전투사령관'이라고 명명한 것은 1949년 경 유재흥 사단장이 태백산지구 전투사령관이었을 때 빨치산을 많이 잡은 명성을 따서 그런 이름을 지은 것으로 생각한다.

이윽고 영춘에 국군 헌병중대가 들어왔는데 아마도 2월 중순 이후였다. 그들은 부역자라고 불리는 사람에 대한 무시무시한 학살을 자행했다. 사실 6·25 전쟁이 밀고 밀리면서 자연적으로 '부역자'를 양산하였다. 당시 부역자는 일반법인 형법과 국가보안법과 더불어 특별법인 '비상사태하의 범죄처벌에 관한 특별조치령'(1950년 6월 25일 대통령 긴급명령 제 1호)에 의해 즉결처분까지 가능하였다.

이에 1950년 10월 4일 군·검·경 합동수사본부가 발족되어 무자비한 부역자 색출과 학살이 자행되었다. 천주교 인권위원회 조사에 의하면 전쟁기간 동안 부역자 총수(자수한 자와 검거된 자를 포함)는 550,915명이었고, 자수자는 397,090명, 검거자는 153,825명이었다고 한다. 이들의 경우 상당한 수가 학살을 면치 못했을 것이다. 영춘에서도 국군이 다시 북진하자 가혹한 학살이 자행되었다.

이들 헌병 중대는 인민군에 협조한 처녀들을 잡아서 온갖 학대를 다하고 정조를 유린하고 농락한 다음 정선에서 모두 사살해버렸다. 그중에 내 제자인 조배숙도 있었다. 인면수심의 잔혹하기 그지없는 자들이었다. 그들이 아무리 부역한 여성이라고 하나 이미 잡혀서 무기력해진 여성일 뿐인데 인간으로 할 수없는 그런 잔혹한 행위를 일삼았으니 그 누가 그들을 벌하고 책망할 수 있을지. 오히려 이후 모든 사회 분위기가 그런 사람들을 빨갱이 잡은 공로자라고 추켜세우면서 빨갱이 사냥한 이야기를 마치 무용담처럼 자랑하는 모습을 보면 차마 이 현실이 야속하기 그지없다. 이러한 비인도적이며 올바르지 않은 행동이 그토록

미화되고 영웅시되는 일이 어디 한둘인가.

대체로 인민군이 있을 때는 학살이 없었지만 국군 특히 헌병이나 정보원들이 활동하던 시절에 너무나 참혹한 일이 많이 벌어졌다. 동족 간의 피비린내 나는 보복 아닌 보복이 한심스럽기만 하였다.

그런 행위를 자행한 사람이 누구인지 잘 알지만 모두들 화를 자초할까봐 감히 고발할 용기를 가지지 못했다. 그리고 그런 왜곡의 시간이 오늘날까지 이르고 있다. 이른바 시대적 살인행위라고 할 수 있다.

1951년 4월 어느 날 대구에서 부역한 혐의로 끌고 온 사람들과 국군 장교가 함께 사진을 찍었다. 양민 중에 한 사람은 오른 손에 삽을 들고 나왔는데 스스로 판 무덤에 이들은 총살되어 묻혔다.("민간인 학살문제 해결을 위한 경남지역모임" 자료실에서)

어김없이 내게도 그런 광풍이 몰아 닥쳤다. 51년 2월 말경이었다. 영춘에 국군수색선발대가 들어온 다음 누군가가 내가 인민군에게 협조한 수상한 인물이라고 당국에 신고하였다. 이윽고 병사 1명이 와서는 나를 연행했다. 연행되어 억류된 상황이었는데 갑자기 나를 연행한 국군선발대는 온데간데없고 새로이 헌병 1개 중대가 진주하였다. 이들이 앞서 말한 동네 처녀들을 몰아서 잔인하게 죽인 그들이었다.

그래서 다시 헌병 중대에 출두했고, 그들은 그간의 내막을 또 자초지종 물었다. 그래서 "금융조합에 다닌 이유로 어쩔 수 없이 인민위원회에 갔다고 했고, 당시 모든 금융조합원은 인민군의 지시로 군청(인민위원회)에 갈 수밖에 없었다."고 대답했다. 그러자 경찰에서 조사받으라고 해서 다시 경찰에게 갔다. 가니 당시 지서장이 학교 동기인 조병익이었다. 그러자 그는 "아...그런 일이 있으면 먼저 나한테 오지 거길 무엇 때문에 가니?"하면서 자술서 하나 쓰게 하고는 별 문제 없이 돌려보냈다. 일단 안심을 하고 지냈으나 다른 부대가 들어오니 또 그 문제가 불거졌다. 그만큼 당시 행정시스템이 불완전했다는 것이다.

이윽고 인민군 점령 아래서 활동했다는 이유를 들어 금융조합에서 해임되었다. 살길이 막막하였다.

♌ 영춘 곡계굴 사건(1951.1.20)에 대하여

영춘읍에 있는 북벽은 영월의 각동리, 단양의 도담삼봉과 함께 남한강에서 가장 아름다운 절경으로 꼽히는데 암벽의 높이는 30~40m정도이다. 북벽 바로 앞에는 느티마을이 있는데 200년 이상 된 느티나무가 군데군데 흩어져 있어 붙은 이름이다. 한 때 200그루가 넘었는데 6·25전쟁 통에 모두 불에 탔다.

영춘 곡계굴에서 발견된 6·25전쟁 당시 희생자의 유골

느티마을 입구에는 마을 주민이 숨어 있다가 미군의 공습을 받아 희생된 곡계굴이 있다. 최근 당시 부면장을 하던 조태원이란 분이 곡계굴에서 360명의 영춘 주민들이 폭격당하여 죽었다고 증언하는 신문기사가 있었다. 그리고 전체적으로 영춘 주민 300명 이상이 학살되었다는 조사도 있다.

일단 곡계굴 사건에 대한 신문기사를 보면 다음과 같다.

〈6 · 25전쟁 피난 360명 美軍폭격에 희생〉
"좁은 굴속에 퍼진 매캐한 검은 연기와 '살려달라'며 울부짖던
사람들의 목소리가 지금도 잊혀지지 않습니다." 6 · 25전쟁 도중
충북 단양군 영춘면 곡계굴에서 발생한 미군 폭격에서 살아남은
조봉원씨(69)는 27일 서울 정동 프란체스코 교육회관에서 통일연
대, 전국민중연대, 민주사회를 위한 변호사 모임 주최로 열린
'미군주둔 60년, 미군 피해자 증언대회'에서 이렇게 증언하면서
눈시울을 붉혔다. 조씨는 "평화롭고 순박하던 마을에 피난 명령
이 떨어져 가게 된 곳이 곡계굴"이라며 "피난 이후 보름가량
지난 1951년 1월 20일 미군의 폭격으로 주민 360여명이 희생됐
다"고 말했다. 당시 영춘면사무소 직원이던 조태원씨(81)는 "시
신이 불에 타 얼굴을 알아볼 수 없었다"며 "머리에 꽂았던 비
녀로 자신의 어머니임을 확인한 사람도 여럿 있었다"고 말했다.
(중략) 이들 단체는 행사 직후 철저한 진상조사와 사과 및 피해보
상을 내용으로 하는 의견서를 주한 미대사관에 전달했다.(『경향신
문』 2005년 7월 27일자)

이곳 느티나무골은 대대로 한양 조씨들이 집성을 이루고 살던 곳이
었다. 전해들은 이야기인데, 당시 그 굴에는 미처 피난하지 못한
20~30명의 사람과 2명의 인민군이 있었다고 한다. 인민군은 처음에는
같이 들어가서 숨자는 말을 듣더니 이윽고 뒤편이 뚫려있는지 물었다.
"뚫리지 않았으면 들어갈 순 없다"고 하고는 동굴 입구에 그냥 서 있
었다고 한다. 그래서 나머지 주민들이 폭격을 피해서 굴에 들어갔고,
이때 함께 소를 입구에 묶어두는 바람에 유엔군이 인민군 소굴로 오해
하여 폭격을 하게 된 것이다. 넷째형인 우계홍이 『단양군지』(2006)를
만들 때 증언한 것을 보면 1951년 1월 20일 오전부터 공습이 시작되
었다고 한다. 처음에는 굴 밖에 폭탄이 떨어졌고, 뒤이어 무차별적인

기총사격이 지속되었다. 굴 밖에 잔뜩 쌓아두었던 가재도구나 이불에 불이 붙어 점차 굴 안으로 불길과 연기가 밀려들었다.

곡계굴 전경

그 결과 당시 굴속에 있던 이들은 질식해서 죽거나 뛰쳐나온 사람들은 기총사격을 받아 거의 사망했다. 그리고 죽은 사람들은 봄철까지도 시신들은 굴속에 방치되었다고 한다. 그런데 이러한 형님의 증언에도 불구하고 죽은 사람이 당시 그 면의 전체 인구에 해당하는 300명은 아닌 듯하다.[22] 아마도 20~30명 정도가 죽었던 것으로 기억한다.

22) 『단양군지』, 2006, 143쪽.

♌ 남부군과 문경 피난길의 참사

1951년 4월 안 사람이 피난길에서 돌아왔을 때 홀몸이 되어 있었다. 별안간 아들 선규가 죽었구나 하는 생각에 말문이 막혔다. 사연인 즉, 인민군이 재차 남진하는 50년 12월경에 혼비백산 30여명의 친정 가족과 문경군을 지나 점촌까지 남하했다고 한다. 만약 피난을 가지 않으면 공산주의자로 몰아서 갖은 고초를 당할 것이 뻔한 만큼 그 많은 처가 식구들이 모두 피난길을 나선 것이다. 실제로 처음 사변 때 피난가지 않았더니 처백부의 경우 중학교 사친회장, 군민회장 등을 역임했는데도 국군이나 경찰이 누차 조사하고 힘들게 하는 통에 많은 고초를 당했다.

먼저 나아른 곳은 세천이었는데, 아내는 제천의 어느 화장실에서 밥을 하다가 너무 뜨거워서 눈밭에 나왔는데, 도랑에 발을 잘못 디뎌서 무릎을 크게 다치고 말았다. 지팡이를 지고 애기를 업고 겨우 재를 넘어갔다. 이어서 경상북도 문경군 가은읍 왕릉리(旺陵里)로 피난했다. 그곳에는 특별한 피난소가 있었던 것이 아니라 그냥 아무 집에나 들어가 사는 것이 피난이었다. 집이 좁아 지서(파출소) 앞에 있는 집으로 거처를 옮겼다. 그런데 공교롭게도 위험한 일이 닥쳤다.

51년 2월 6일 새벽에 바깥에서 "OO 동무" "OO 동무"하는 인기척이 들렸고, 이윽고 총탄이 벽을 뚫고 들어오는가 하면, 수류탄이 바깥 문채 앞에 떨어져 터졌다. 천만다행으로 방안으로 파편이 들지 않았다. 만약에 들어왔다면 30명의 처가 식구들이 크게 상했을 것이다.

아내의 피난지역에 출몰한 빨치산은 앞서 1950년 12월경 내가 피난하고 있던 영춘을 습격한 이현상 부대(남부군)였다. 이들은 지리산으로 남하하면서 1951년 2월경에 속리산에 도달하였고, 이어서 보은군 마로면 갈평(葛坪)이라는 산마을에서 4월까지 약 2개월 남짓 머무르면서 청주를 비롯하여 문경경찰서 등 각급 기관을 기습했다. 그때를 이른바 갈평시절이라고 불렀는데, 이때가 남부군이 가장 왕성하게 전투하던 전성기였다. 그러니 문경지역에 피난해 있던 아내와 처가일족에 닥친 위험은 이현상 빨치산 부대가 문경경찰서를 공격하던 시점과 일치한다.

이 곳 문경을 습격한 다음 4월까지 속리산에 있던 남부군은 4월 말, 예하 결사대 48명에게 청주를 습격하도록 했다. 이들 빨치산은 충북도청. 청주경찰서. 청주형무소 등 주요 기관을 일시 점령했고, 수감 중이던 좌익계 죄수들을 풀어내 속리산으로 철수했다. 전쟁 기간 중 빨치산이 도청 소재지를 공격하여 한 때나마 점거한 것은 이 때가 유일했다.[23)]

그런 빨치산과 국군간의 치열한 전투 와중에 수류탄이 아내가 머무는 피난소에서 터진 것이다. 그래선지 이윽고 어린 아들이 경기를 일으켰다. 놀란 아이가 심하게 울었고, 보리물을 떠먹였으나 효험을 보지 못했다. 당시 아내의 머리 위로 비 오듯 총알이 날아가고 있었다. 그러나 보채는 아이를 달래야 하는 상황이기도 했다. 그러니 어쩔 수 없이 총알이 날아가는 것과 상관없이 그저 앉아서 젖을 먹였다. 지금도 그때 일을 생각하면 '죽으면 죽었지'라는 자포자기의 심정이었다고 회고한다.

잠시 후 전투가 소강상태가 되자 다시 정리하여 남하를 계속했다. 아내는 고모가 애기가 잔다는 말을 듣고 혹시라도 깨면 젖을 물릴 요량으로 기다렸다. 점촌 고개는 높디높았고, 그곳을 가려면 먼저 기차다리를 건너야 했다. 하지만 침목 사이로 천 길이나 될 법한 낭떠러지는

---

23) 『경향신문』, 2000년 7월 12일자.

너무나 두렵고 무서웠다. 밑을 보면 안 된다는 경고를 들으면서 조심조심 지나갔다.

겨우 철교를 건넜고 다시 재를 넘었다. 시간이 되어 아이에게 젖을 주려고 하니 처의 고종사촌(당시 19세)이 아들 선규가 사망했다는 소리를 쳤다. 큰 충격이 믿겨지지 않는 듯 아내는 "죽지 않았는데"라고 절규했고, 고모는 "죽은 지 오래되었다. 벌써 찬기가 돈다"고 말했다.

넓은 기저귀에 담아서 두 개의 산소가 있는 곳 옆에다 곡괭이와 삽을 빌려서 땅을 파고서 묻었다. 1951년 2월 6일이었다. 1948년에 결혼해서 첫아들을 낳고 이렇게 전쟁터에서 보냈다. 이후 1956년에 비로소 첫딸이 태어났으니 전쟁은 내 모든 것을 빼앗았고, 모든 것을 정지시켰다. 삶의 기본까지도...

자식을 잃고 남편은 부역자로 오해받아 만날 수도 없는 그 딱한 아내의 마음을 뉘라서 이해할 것인가. 이전에 아들이 홍역을 심하게 앓았는데 사촌 처남이 대구까지 가서 미군 부대에서 약을 구해서 완치시켰는데, 이러한 광경이 된 것이다. 아들의 불쌍한 죽음에 하염없이 눈물만 흘렸다.

아내는 왕릉리에서 영춘 지서 주임을 우연하게 만났다. 거기서 "선규 아빠는 어디 있어요?"라고 물으니 주임은 "지금 일이 잘 풀렸다"는 말을 했다고 한다.

대략 51년 3월경에 1차로 경찰에서 풀려났는데, 그래서 아내는 지서 주임을 따라 4월경 영춘으로 돌아왔다. 하지만 몇 달 후 다시 친정인 영월로 돌아갔다. 아직 나의 부역 문제가 걸려있어 주변 사정이 심상치 않았던 것이다. 또한 아들을 잃은 아내, 피골이 상접한 아내를 이러한 험한 곳에 놔둘 수 없는 노릇이었다.

영월도 마찬가지로 밤에는 공비가 내려오고 낮에는 경찰이 점령하는 등 아수라장이었다. 일단 1951년 8월 13일 충주, 단양 지역에 비상계엄이 경비계엄으로 바뀌고 다시 안정이 왔지만 수많은 희생이 따랐다. 그리고 소백산 빨치산의 공격으로 다시 1951년 12월 1일에 비상계엄이 선포되었다.

그때 아내는 영춘에서 돌아와 영월 친정 큰 집 지하에서 숙식을 하면서 기거했다. 그런데 설상가상으로 맹장염에 걸렸다. 아마도 아들을 잃고 남편마저 그리되니 모든 희망이 사라진 참혹한 마음의 병이 맹장염으로 나타난 것 같다. 다행히 집 위에 의사가 살아서 페니실린을 구해 복용하여 고통은 진정되었으나 재발 하였고, 이듬해 영월발전소에 근무하는 처남의 도움으로 겨우 수술을 할 수 있었다. 피난 시에는 먹을 것이 없어서 폭격으로 탄 쌀을 먹었다고 한다.

♌ 51년 7월, 죽음의 고비를 넘다

1951년 5월 김창룡이 특무대장이 되고 난 뒤 인민군에 협력한 사람에 대한 탄압이 더욱 강화되었다. 7월에 나는 영춘에서 일단 주위를 관망하고 있었는데, 이전에 자수하였기에 별 문제는 없으나 시대적 상황이 어수선하여 함부로 영월에 있는 아내에게 가지 못했다. 당시 영월에 지대를 둔 CIC 직원이 영춘에 상주하였는데 그 끄나풀인 천병헌이 사실을 왜곡하여 밀고하는 바람에 갑자기 영월까지 연행되었다.

당시 CIC 영월 지대는 큰 처가 바깥채 상점을 사무실로 쓰고 있었다. 큰 처가에서 방첩대원 4~5명에게 그날 밤 융숭하게 대접하였다. 당시 '대접비'로 방앗간 1년 운영해서 번 것(당시 돈으로 약 30만원)이 몽땅 들었다고 한다.

좌익이니 우익이니 하는 그 치열한 이념의 충돌 속에서도 돈은 영락없이 사람의 목숨을 구하는 마력을 보였다. 그날 사촌처남 전호윤의 도움이 아니었다면 어떻게 되었을 지 참으로 간담이 서늘하다. 영월 금융조합에 소개한 이도 바로 그였다. 그런데 몇 년 전에 전호윤의 아들이 과외를 받으러 가는 길에 윤화를 당해서 그 비통함이 참으로 클 것이다.

이러 이러한 곡절을 겪고서야 이튿날 비로소 귀가할 수 있었다. 곧바로 자수를 하였고 법적 절차가 끝났는데도 다른 곳에서는 정보원 그리고 국군 및 경찰들이 무모한 행동을 하고 있었다. 별다르게 이적행위를 한 것도 없는데 그런 일을 당할 수밖에 없는 수많은 억울한 사람들이 있었다. 당시 경찰은 잔혹하게 빨갱이 잡으러 다니고 조그마한 혐의라도 있으면 무섭게 탄압했다. 그리고 북한으로 간 사람도 살았을 것이라고 생각하지 않는다. 왜냐하면 자본주의에 물든 사람들이 어떻게 그곳에 적응했을 것인가. 아마도 대부분은 미 제국주의의 첩자로 몰려 죽었을 것이다.

　이후에도 나는 영춘에 계속 거주했다. 그 시절 아내는 친정 큰댁에 가서 한달 분량을 받아와 바느질해주고, 친정집을 비워서 하숙치고 말로 다할 수 없는 외로움과 고민 속에 살았다. 자식을 잃고 남편마저 하루 앞을 모르던 그 시절, 말로 다할 수 없는 그 아픔의 세월이 나의 삶을 아프게 단련시켰다. 살아간다는 것 그리고 살아남는다는 것이 이렇게 힘들고 고달플 줄이야.

또다시 징집되다

1925년생 징집, 병환으로 모면하다
또 다시 군대가다
제대한 다음
만항 탄광에 가다

♌ 25년생 징집, 질병으로 일단 모면하다

일정 말기에 징병 2기로 산전수전 겪으면서 청진까지 가서 온갖 고생을 했던 것이 불과 몇 년 전인데, 다시 정부는 단기 4258년생(1925년생, 당시 26세) 이후 출생자에 대하여 징집령을 내렸다. 우선 병사사령부에서 면 단위로 30명이면 30명씩의 배당을 내렸다. 이에 면에서는 병역담당계원이 이것을 받아서 자신의 생각대로 각 면내 장정에 대하여 영장을 보내고 징집을 했다. 그 당시로는 면 직원과 사이가 좋지 않는 사람들이 우선 징집되었다. 요즘에는 징병에 필수인 신원조회조차도 없었다. 보도연맹이나 남로당 가입사실은 철저히 조사하면서도 징집에는 신원조회를 하지 않았다. 넷째 형이 일제 말기에 면서기를 했기 때문에 징용이나 징병이 어떻게 가능한지 물었고 형은 그러한 방식으로 된다고 은연중 시인을 했다. 사실 징병과 징용자의 선발 내막은 권업주임이 제일 잘 안다고 할 수 있다.

정부의 징집령으로 무척 걱정스러웠다. 하지만 어떻게 해 볼 도리가 없었다. 어떤 사람들은 징집영서를 찢고서 군 입대를 피한 사람도 많았다. 하지만 그렇게는 할 수 없고 어찌하던 이 '난처한' 상황을 벗어날 궁리를 해보았다. 그래서 택한 방법이 굶기였다. 그렇게 한 열흘 굶으니 피골이 상접하여 병자처럼 되었다.

일단 징집영장을 받고는 1952년 1월 18일 군산에 있는 군사보충대(3306부대)에 수용되었다가 LST 수송선으로 제주도 모슬포에 있는 육군제1훈련소로 이동되었다. 그리고 피골이 상접할 때 신체검사를 받았다.

결국 육안 신체검사에서 하이신중(肺心中, 폐병)으로 불합격 판정을

6·25 당시의 LST 수송선

받았고 부산 동래 보충대로 옮겨서 이틀을 지내고 군산으로 후송된 후 집으로 돌아왔다.

당시 의사의 수준은 무척 낮았다. 오늘날 같으면 인턴 수준의 의사로 이들이 신체검사를 하였기 때문에 신빙성이 없는 판정이 많았을 것이다. 아울러 당시 징병사무를 본 사람들은 상당수가 비인간적이었다. 징집대기자에 대한 인간 이하의 모독과 비인격적인 대우는 지금도 마음에 상처가 되고 있다. 당시 그러한 업무에 종사하는 사람들은 마치 그 자리가 벼슬인 줄 아는 듯했다.

그리고 귀가 명령을 받고 청주 병무청에 신고한 다음 단양까지 걸어서 왔다. 약 170~180리나 되는 무척 험하고 힘든 길이었다. 겨우 처백부댁(큰 처가)에 가서 하루를 묵은 다음 귀가하였다. 돌아오는 길에 조병희라는 경찰관을 만났다. 그는 보통학교 동기로 외가로는 11촌 조카뻘이었다. 길에서 만나니 본척만척 하고는 "여관에 잠자코 대기하고 있으라!"고 하면서 우격다짐하였다. 참으로 안하무인이었다. 이 모든 상황에서 살아야 하겠다는 강철과 같은 의지와 결연한 심정으로 현실을 직시하고 방향타를 굳게 잡아야 하겠다는 깊은 결심을 하였다.

♌ 두 번째 징집에 다시 군대를 가게 되다

폐병으로 신검에 불합격한지 몇 달 후에 1952년 7월 17일에 다시 신검영장이 나왔다. 지금은 한번 신검에서 면제판정을 받으면 계속해서 효력이 지속되지만 당시로서는 그렇지 못했다. 이러한 재징집 사무도 병무청이 아닌 면사무소에서 했다. 당시 병사계 공무원이 22-23세정도 였고, 면장이라 해도 28세 정도였으며 이들이 주로 징집을 처리했는데, 감정에 치우쳐서 영장을 발부하는 경우가 많았다.

영춘에서는 엄수한이라는 병사계 직원이 징집 사무를 맡았다. 그러니 제대하고 온 사람들은 자신을 군대로 보낸 엄수한에 대한 깊은 원한이 있었다. 그래서 엄수한은 늘 신변의 위협을 느꼈던 것같다. 그래서 면사무소에서는 그를 어상천면으로 전근시켰다. 그후 소식에 따르면 어상천에 가서 이내 죽었다고 하는데, 아마 술 때문으로 보인다. 국가가 준 스트레스와 자신에게 닥치는 보복의 두려움이 말단 공무원의 명을 그렇게 단축시킨 듯하다.

그리하여 당시로서는 28세라는 나이에 논산 육군 제 2훈련소에 입대하게 되었다. 군대 생활은 대단히 민주적이었다. 일제 강점시대에 비해서 그다지 기합도 없었고, 훈련도 돈만 일정하게 찔러 주면 몇 시간 어디 가서 쉬었다 오기도 했다. 특별한 폭력이나 행패는 없었다. 8주 교육을 받고 대기소로 갔다. 대기소에서는 행정이나 필기에 능한 사람을 구했다. 그래서 옆의 애들이 나를 추천했지만 자존심이 상해서 곧장 거절했다. 좋은 보직이었는데 거절하니 다들 아쉬워했다.

광주 상무대 육군 통신학교 무선통신과에 입교하여 16주 교육을 받았다. 거기에 박재홍 교관이 있었는데, 부산통신학교 출신자였다. 그가 무선학부 교육계의 교관을 뽑을 때 내가 교원 출신이라는 점을 참작하여 뽑으려 했고, 특히 학과 서무계 김 중사의 배려가 컸다. 그리하여 무선 통신(오퍼레이터) 교관으로 근무했다. 후방에 남게 되어 무척이나 다행스럽게 여겼다.

근무하면서 총 4개 기수(48~51기)를 교육시켜 부대에 배치시켰으며 16주 전 과정을 혼자서 교육하는 것이 특징이었다. 마지막 51기는 반공포로 출신으로서 기질이 강하고 단결력이 있어서 힘이 들지 않았다. 반공포로 출신은 말은 잘 듣는데 도둑질을 잘하는 버릇이 있었다. 포로수용소에서 하던 버릇이라 보이는데, 아무리 교육을 해도 시정되지 않았다. 전역 후에도 나를 교관님이라며 깎듯이 대해주었다.

남한 출신들은 대신 인정머리가 없었다. 반공포로 출신과는 달리 나중에 만나도 못 만난 척 대단히 매정하고 약삭빠른 자들이 많았다. 그중에서 경상도 사람은 우격다짐이 많고, 전라도 사람들은 눈물이 많았고, 충청도 사람들은 뒷짐을 지고 연병장을 어슬렁거리는 경우가 많았고, 강원도 사람들은 물에 물탄 듯 특별한 의식이 불명하였다. 옛날 정도전이 팔도를 풍자한 그대로였다. 평안도 사람은 역시 맹호출림이라 했듯이 대단히 거칠었다.[1]

통신학교에 근무 중 학부장 유 소령에 의하여 학생연대로 차출되었다고 기뻐하였으나 실현되지는 못하였다. 이어서 본부중대 군종부로 옮

---

1) 조선 태조는 즉위 초에, 정도전의 팔도사람 평가를 다음과 같이 기록했다. 경기도는 경중미인(鏡中美人), 충청도는 청풍명월(淸風明月), 전라도는 풍전세류(風前細柳), 경상도는 송죽대절(松竹大節), 강원도는 암하노불(岩下老佛), 황해도는 우경석전(牛耕石田), 평안도는 맹호산림(猛虎山林), 함경도는 이전투구(泥田鬪狗) 등인데, 경기도와 강원도·충청도에 대해서는 상대적인 관대함을 보였다면 경상도·전라도·함경도에 대해서는 나름의 경멸감이 나타나 있다(김인호, 『사론과 사실을 함께 본 한국역사와 문화』, 목원대출판부, 2006, 167쪽.).

졌다. 교육총본부(상무대)는 당시 유재흥(劉載興) 장군이 총감이었다.[2] 당시 종교행사는 공간이 하나였기에 교회와 천주교와 함께 사용했다. 종교의식이 서로 다르다보니 미사나 예배 때마다 각종 의례 도구를 바꾸는 진풍경이 있었다.

군종부 목사는 육군중령이었다. 군에서의 계급은 목사 경력에 따라 주어졌다. 당시 목사 중에 전라도 지도 사람인 이봉성 목사인데 나보다 한 살 위였다. 참으로 목사다운 사람이었다. 후에 기독신문 사장이 되었다.

그때쯤 집으로부터 맏딸 출산소식을 들었다. 군대에 복무하면서 아이를 낳는다는 것은 어려운 생활을 예고하는 것이었다. 춘천대기소까지 졸업생들 100여명을 인솔하면서 약 보름의 휴가를 얻을 때 고향으로 잠시 갈 수 있었고 그때 맏딸이 생겼다.

고향 제자 4명이 훈련소에서 전반기 교육을 마치고 왔기에 작전과 장교에게 부탁하여 모두들 통신자재과로 배치되도록 하였다. 그런데 사병이 임의로 1명을 탈락시켜 사진과로 배치하였다. 그 만큼 한국사회는 군대조차도 정실과 지연이 중요하였다. 긴 세월을 살다보니 자기 자신의 불굴의 의지와 더불어 내 이웃과 함께 서로 돕고 사는 것이 비록 교과서적인 정의에는 합치되지 않더라도 소중했다는 생각이 든다.

---

2) 1921년 8월 3일 일본 나고야생으로 해방 후 군사영어학교 졸업과 동시에 육군 정위가 되었다. 1948년 10월 제4여단장, 1949년 제주도지구전투사령관, 1950년 1월 제2사단장(태백산지구전투사령관 겸직), 6월 10일 제7사단장에 임명되었다. 전쟁 직후 의정부 전선의 방어했다. 휴전 직후 미 육군참모학교에 파견되었고 54년 7월 교육총본부 총장을 지내고 1959. 2 제 1군사령관을 거처 1960년 7월 27일 육군중장으로 예편하였다.(전쟁기념관 자료)

♌ 제대한 다음…

통신학교 군종부장 이봉성 목사님의 주선으로 1956년 7월 17일 자로 제대 특명을 받고 만 4년 만에 군복을 벗었다. 일제 말기 징병에 이어 세 번의 징집령을 받고, 마침내 군 목무를 마치게 된 것이다. 제대한 다음이 문제였다. 제대하자 군복무시에는 잊고 지냈던 과거의 기억 즉, 남로당, 보도연맹 출신이라는 딱지가 계속 따라다녔다. 그래서 취업을 할 수 없었다. 옛날 군청이나 금융조합에 근무하던 경력은 모두 전쟁의 포화로 사라지고 나니 남는 것은 남로당 가입자라는 꼬리표였다. 참으로 억울한 현실이었다.

다시 영월로 돌아와 만 2년을 하염없는 세월을 보냈으며 식생활마저도 해결하기 힘든 지경에 이르렀다. 아침을 먹으면 저녁을 걱정한다는 말이 절로 실감이 나는 당시였다.

그동안 아내는 큰집 지하에서 전쟁을 피하다가 한 3년을 큰 처가에서 거주했다. 그러나 그 집 아들이 결혼하여 방을 비워줘야 했기에 친구의 큰 어머니 집에 며칠 유숙하다가 친정집으로 갔다. 거기에서 친정 식구 남녀 동생, 조카 두 명을 키웠고, 생계를 위해서 학생 5명과 중학교 선생 1명을 하숙시켰다.

당시 하숙비는 월 쌀 5말(작은되로 50되 큰되로 10되였다), 당시 돈으로 환산하면 10원에서 15원 정도였다. 그렇게 아내가 모진 고생을 하면서 어떻게든 생계의 활로를 열어보려 했지만 취직자리는 구하기 어려웠다. 게다가 부탁할 사람도 없었다. 공출제도가 있었지만 새로 미국의 원조 쌀이 들어와 식량 부족은 크게 면하던 형편이었다.

큰 딸이 나던 56년경부터 연탄을 사용했다고 기억된다. 지금의 구공탄같은 연탄은 언감생심이고, 그저 가루 석탄을 사서 원석 그대로 물에 개어 그릇에 담아 본을 뜬 다음 아궁이에 삽으로 넣는 방식으로 연탄을 사용했다.

만항탄광에 근무할 때(58년도 이후)도 연탄짱에 석탄을 쌓아놓고 난방취사를 하였다. 영월에는 화력발전소가 일제 강점시기부터 있었기 때문에 전기는 이미 들어와 있어서 그 부분의 어려움은 없었다.

6 · 25는 모든 희망과 가능성 그리고 자식을 빼앗았다. 전혀 본인의 의사와 상관없이 인민위원회에 참가해야 했고, 의지와 상관없이 부역자로 몰렸으며 죽음의 고비를 넘나들었다. 그리고 도피와 자수 그리고 징집으로 이어지는 시간에 나는 심각한 위장병을 얻게 되었다.

제대한 후 벌이가 전혀 없는 상황에서 위장병은 더욱 경제적으로 힘들게 했다. 근처에 친구 약방이 있었다. 그래서 2년 동안 그 집에서 외상으로 위장약을 먹었는데, 나중에 만항 탄광으로 취직되었을 때야 갚을 수 있었다.

♌ 만항 탄광에 가다

　방황의 2년이 끝날 무렵 둘째 사촌처남 즉, 6 · 25직전 영월 금융조
합 취직을 알선해 준 전호윤이 당시 대한중석 상동광산 총무과에 근무
하고 있었다. 그의 주선으로 만항 탄광 청부업체인 신동아 산업주식회
사 경리과장으로 취직했다.[3] 만항탄광은 강원 정선군 고한읍과 영월군
상동읍이 만나는 지점의 탄광으로 만항재 가는 길에 만항 마을이 있어
광부들이 거기서 살았다. 내게는 사택이 주어졌다.

　상동광산[4]에서 생산되는 중석은 아주 차돌 같이 단단한 석재였다.
이를 밀가루처럼 가루를 내고는 중석만 물에 가라앉혀서 추출하였다. 6
· 25때 많은 민간인들이 좌익이나 빨치산으로 몰려 학살된 곳이기도 했
다.

　당시 중석회사 사장은 2대 체신부 장관하던 장기영이었고, 그가 신

---

3) "1945년 8월 1일 당시 강원도내 총 광산은 449개소였고, 그중 영월에는 32개소가 있는데
　주로 중석이나 수은 중석, 석탄이 집중되어 있다." 조선은행조사부『조선경제연보』 1948, 지방
　경제 72쪽.

4) "상동광산 (영월군 上東面 九來里) 전광업권자 일본인 稻葉仲으로부터 현 광업자 조선
　중석광업회사에 이전했다. 해방후 미국에 수출품으로 선구이고...고품위의 중석광석
　(70%)를 적출한다. 일대의 지질을 구성하는 암석은 남부 鷹鳳山부근의 變質粘板岩과
　북부의 조선계 陽德統에 속하는 규석을 기반으로 한 변질점판암 頂岩 석탄암이 흑운모
　화강암을 덮고 있으며 이들 암층에 하부 花崗巖獎層理에 당아서 끼어있는 灰重石의
　맥이며 어떤 부분에는 鐵滿俺 중석과 더불어 배태되어 蒼鉛을 수반하며 中帶舊岩중에
　는 含鐵滿俺 重石英脈이 끼어 있다. 광석의 평균품위는 4-5%이며 매장광량은 5백만톤
　으로 조선의 물론 세계에서도 드문 대광산이다. 광산액은 1943년 重石精鑛(60%) 3,376
　톤, 蒼鉛 447톤 1944년 중석정광 4,297톤 창연 412톤, 1946년 중석정광(70%) 380톤이며
　1948년 현재 종업원은 1,375명인데 1947년 11월 초에 그 選鑛場이 화재로 소실하였음은
　국가적 대손실이다." 조선은행조사부『조선경제연보』 1948, 지방경제 69쪽.

박정희 대통령

동아 만항탄광(정 모 사장)에 청부를 준 것이었다.

여기서 2년(1958~60)을 재직하던 중 둘째 딸이 태어났다. 아내와 딸은 사택에서 살았다. 그런데 장기영 사장이 4·19혁명의 여파로 몰려나면서 만항탄광도 애로를 겪었다. 게다가 석탄이 점차 시장성을 잃었기 때문에 탄광 문도 닫게 되었다.

만항 탄광에 있을 때 4·19혁명이 일어났다. 독재자 이승만 대통령은 우리나라의 초석을 놓은 공은 크지만, 친일파를 앞세운 다음 CIC와 경찰에게 무모한 권한을 부여함으로써 독재의 아성을 쌓은 것은 비난받아 마땅하다.

4·19 혁명 당시 17일부터 서울에 있었는데 독재가 쓰러지는 소리가 천지를 진동했다. 다시는 특무대 경찰의 횡포와 사생활을 억압하는 관원이 사라졌으면 하는 생각이 간절했다. 그리고 민주주의를 위한 여러 사람들의 희생을 보면서 우리나라가 희망이 있을 것이라고 생각했다.

도대체 살아오면서 내 자신의 문제가 아니라 사회적 격변이나 전쟁 등 외부 요인에 의해서 모든 직장을 잃는다는 것은 참기 힘든 고통이었다.

장면 정권은 무능하고 천지가 데모로 뒤덮인 정권이었다. 구파인 윤보선 대통령에게 정권을 이양하였으면 하는 마음이 간절했다. 5·16으로 이 무능한 정권이 무너진 것은 하늘의 뜻이라고 생각했다. 혁명을 일으킨 박정희 대통령에 관해서 한마디 한다면, 5·16 이전의 빈

곤은 겪어보지 않은 세대는 상상조차 못할 것이다. 그러한 토대 위에서 오늘의 번영을 가져온 경제건설의 위대한 공적은 제대로 평가되어야 할 것이다.

연초재배와 연을 맺다

♌ 이천에서 담배 재배와 연을 맺다

담배는 남아메리카 열대가 원산지이다. 다년생 풀이지만 온대 지방에서 재배할 때는 일년생이다. 한방에서 담배의 잎을 연초(烟草)라고 해서 약재로 쓰는데, 소화 불량과 통증을 완화시키고, 종기·악창·옴·버짐에는 환부에 붙여 치료하며, 개나 뱀에 물린 데도 효과가 있다. 담배는 생육기간 중에 서리없는 시기가 120일 이상 되어야 하며, 생육의 최적온도는 28-30℃, 최고온도는 35℃, 최저온도는 13℃이다. 품종은 크게 황색종, 버어리종, 재래종, 흑담배, 오리엔트종으로 나뉜다. 황색종은 수확한 잎을 건조실 안에 매달아 건조시켜 선명한 귤색 또는 엷은 노랑으로 마무리하는 품종이다. 1906년 서울 낙선방(樂善坊)에서 처음 재배되었으며, 1909년 대구, 대전 시험장에서 좋은 성과를 얻은 뒤 충주지방을 중점재배단지로 지정하였다. 오늘날에는 안동지방이 주요 산지이다.

재래종 담배는 1600년 경 한국에 전파되었고, 주로 화전에 의해서 재배되었다. 왜냐하면 담배작물은 연작할 경우 혹은 노후화된 밭에서는 병 피해가 심했기 때문이다. 품종으로는 90여 종에 달한다. 품종명은 형태, 향기, 재배지명 및 전래된 나라에 따라 다양하게 부른다. 20년대에는 서초, 금강초가 40년대에는 향초(香草), 가자초(茄子草)가, 60년대에는 가자초가, 70년대에는 광초(廣草)가, 81년까지는 향초가 주로 재배되었다. 흑담배는 시가 제조용 품종으로 원료를 세게 발효시킨 것이 특징이다.

60년대 이후 내가 담배와 인연을 맺을 줄은 결코 몰랐다. 5 · 16이 일어나던 해(1961년) 9월 1일 사촌처남의 주선으로 경기도 이천 엽연초 생산조합에 취직하였다. 처음에는 생각보다 낮은 처우의 직장이라서 무척 망설였다. 그 때 나이가 36세였다.

이후 1969년까지 이천 엽연초 생산조합에 근무하였다. 처음에는 이천읍 조합에 근무할 줄 알았지만[1] 광주군 실촌면 곤지암에 주재하라는 명을 받고 9월 2일에 임지로 부임하여 하숙을 정하고 직무에 들어갔다. 업무는 주로 담배 생산지도를 통하여 현지 농민들의 생산을 용이하게 하는 것이었다. 평소 꾸준히 담배 경작에 관한 일본어로 된 자료를 많이 보았다는 점에서 다른 사람들보다 업무에 유리했다.

곤지암 이후 원삼, 안성, 설성, 장호원, 증평까지 약 7차례에 걸쳐서 생산조합을 옮겨 다녔다. 평균 1년 남짓 근무기간이었다. 이렇게 잦은 전근은 나름의 이유가 있었다. 생산조합에서는 담당구역을 2년 이상 두지 않았다. 왜냐하면 혼자 오래 놓아두면 산지가 황폐해지기 때문이었다. 그래서 조합은 지도원을 자주 교대하여 산지의 안정적 생산증대를 도모하였다.

---

1) 당시 이천 엽연초 생산조합은 현재 연초생산협동조합 경기조합으로 경기 이천시 대월면 초지리 208-1에 위치한다.

♌ 원삼으로

1962년 2월에 용인군 원삼면 주재 사무소에 근무하라는 발령을 받고 용인시 모가읍에 부임하였다. 그런데 임지에 도착하고 나니 이전에 파면당한 권태석 기사의 후임이었다. 권 기사의 파면 이유는 술을 잔뜩 마시고 박광수 전무이사에게 대들었다는 것이었다. 박 이사는 자신의 감정을 자제하지 못하는 사람이었다. 전혀 파면할 사유가 아니었는데 자기감정으로 그리한 것이다.

나는 충청도 출신이었기에 경기도 사람의 지역적인 배타성으로 근무하는데 어려움이 많았다. 지금은 그렇지 않지만 당시로서는 지역배타주의가 심했다. 전체적으로 경기도는 인심이 좋았으나 조합에서의 지역차별은 참기 힘든 고통이었다. 업무에 대한 충실도도 낮아서 직원들이 담당구역에서 술을 마시고 돌아다니는 일이 비일비재하였다.

나를 따라서 1962년 3월에 가족들이 이사를 왔는데 처음에는 집이 추워 아내가 심한 독감을 앓았다. 각고의 노력으로 차츰 그곳 사람들과 친분을 만들어갔다. 당시 내 월급은 5만원 정도였는데, 월급을 타면 생활비로 약 2만원을 지출하고 나머지는 저축했다. 당시 쌀 한가마니가 12만원이었다. 아내는 그 돈으로 쌀 5말, 보리 2말, 밀가루 1포대, 한 달치 나무 한 마차 분량을 구입했다. 나머지는 가게에서 외상을 구매하고 다음 달 월급날에 다시 갚는 생활을 반복했다.

♌ 차지철과의 인연

경기도 사람들의 충청도 사람에 대한 배타적인 태도는 이천조합 대월면 감사인 모씨가 당시 박대통령의 오른 팔이던 국회의원 차지철의 사무장과 결탁하여 충청도 출신인 권혁모 전무를 강제로 밀어내려고 한 사건에서도 알 수 있다. 당시 그러한 음모를 보면서도 어쩌지 못하고 있던 권 전무가 신세를 토로하기에 서울로 올라가서 차지철을 만나보라고 했다.

차지철

그래서 둘이서 서울로 갔고 이천군 국회의원인 차지철을 만나서 실상을 이야기했다. 그러자 그는 곧장 사무장에게 전화를 걸었다.

"너 이놈 뭐하는 거야! 왜 생산조합을 흔드는 거야. 누가 하라고 했나! 누가 지방의 여러 사람을 상대하는 생산조합의 이사를 감사라는 사람하고 둘이서 떨어내려고 공작을 하느냐! 즉시 중단해라. 내 허락 없이는 모든 것 움직여서는 안 된다."

그야말로 완강한 명령이었다. 이후 권혁모가 와서 고맙다는 인사를 했다. 권 이사는 능력면에서 부족한 사람이었으나 의리가 있어 이후 서로 돕는 좋은 사이가 되었다.

차지철은 본래 이천군에 입후보했으나 여론의 지지를 받지 못했다. 그래서 박정희 대통령이 그 반대파들을 탄압하고 당선되도록 밀어주었다. 그런데 정작 선거운동 중에 이천 사람들에게 좋은 인상을 심었다. 이후 이천 주민들의 절대적인 지지아래 국회의원 활동을 활발히 했다.

당시 모가, 외사, 양지읍 등 3개 읍 담당하였는데 위장병(위산과다, 위통, 위하수, 위궤양 합병증)에 시달리며 밥공기의 2/3 이상을 먹지도 못하면서 일하기란 참으로 버거웠다. 그러한 고통은 26세부터 시작되었고, 74세까지 계속되었으나 생계 문제가 걸려서 병원가기도 어려웠다. 때마침 신문광고에 실린 온위단을 복용했는데 부작용으로 변비가 생겼다가 급기야 치질로 변했으며, 그래서 심한 통증으로 눕지도 못하고 앉아서 밤을 새우기가 일수였다. 6 · 25의 여파가 일흔이 넘은 나이까지 이어졌고, 아직도 그 때 일로 밤잠을 편히 이루지 못한 채 살고 있다.

엽연초 생산과 수납 업무는 평소에 바라던 직업은 아니었다. 그러나 생활이 워낙 곤궁하여 만족할 수밖에 없었다. 1963년경부터는 잎담배 수납이 의외로 양호하여 주위의 칭찬을 받기 시작하였다. 특히 보통 초보자가 하는 취집은 24정보를 넘지 않았다고 하는데 무려 48정보를 취집하였더니 '천지가 개벽하였다'는 말을 들을 정도였다.

♌ 안성으로, 설성과 모가로

1963년에는 안성시(11개리 담당)로 전근하였고, 다음해에 넷째가 태어났다. 안성에서 근무한 이후 구래의 낙후된 담배 산지가 일대 혁신하여 발전된 담배 경작지로 탈바꿈했다. 집도 용인군 모가면 진가리에서 안성으로 이사하였다.

담당구역은 안성군 금광면, 보개면, 삼죽면, 일부 양성면 그리고 용인군의 고삼면, 쌍지리 공도면 등이었다. 이들 지역은 신산지인데다 구역이 광활하여 산지를 조성하는데 무척 어려웠다. 하지만 신체적인 악조건에도 불구하고 혼신의 힘을 다한 결과 1963~1964년간 7개의 면의 생산성이 경기도내 타지역에 비해 상당히 높은 성적을 내었다. 당시 위장병이 심했는데 그럼에도 죽기를 각오하면서 일 했던 시절이었다.

안성 부임 1년 후 오 모 군수의 지원을 받은 금광면 오산리의 임 모씨가 주동이 되어 안성 엽연초생산조합 설립을 추진하였다. 그 통에 산지 지도와 생산 업무에 지장이 초래되었고, 나는 조합 설립을 반대하는 활동을 하였다. 그 결과 임 모씨 및 오 군수와의 갈등이 심화되었다. 그런데 나중에 곰곰이 생각해보니 조합 설립을 이해하는 것이 오히려 지방발전을 위한 것이라는 생각이 들었다.

이어서 1965년 3월 1일부로 이천의 설성 모가 두개 지역을 담당하라는 명령을 받고 그달 초순 이천군 고당리로 이사하였다. 모가면은 이천시에서 동남쪽으로 14km지점에 위치했고 해발 445m인 마국산과 390m인 대덕산이 용인시 백암면과 경계를 이루고 있는 전형적인 농촌이었다. 설성은 옛 음죽군의 별칭으로 이천시 인근에 있다.

모가와 설성 등 신산지에서 지도할 때는 연초재배에 대한 집합강화
(集合講話) 방식을 택하여 적극적으로 마을을 돌아다니면서 현장에서
지도하였다. 당시 두산리에서 산내리로 이동할 때는 경사 40도 정도의
산길을 1km정도 자전거를 끌고 다녔다.

　이 지역의 연초재배는 처음인지라 묘상설치부터 시범을 보이며 지도
했고, 묘상은 새로운 기법을 연구 개발하였다. 묘상 중앙에 6기의 지주
를 세우고 돔 형태로 둥근 모양으로 비닐을 씌워 비나 물이 스미는 것
을 방지하고 묘상내부의 온도를 조절하여 육모의 속성 생육을 꾀했다.

　이 시기에 수출 1억불이 달성되었다. 그때는 우리도 열심히 일하면
잘 살 수 있다는 자신감이 온 나라에 메아리쳤고 밤잠을 설치면서 일
했다. 당시를 생각하면 세계 12위 경제대국 개발에 내 나름으로 일조
하였다는 자부심을 가지게 된다.

　1965~66년에는 이 지역에 한발이 심하여 지하수를 널리 개발하여
용수로 삼던 시절이었는데 농촌의 피나는 노력은 말로 다할 수 없다.
1966년에 음성 재건조장으로 파견해달라는 전매청의 요청에 따라 20일
동안 그곳 업무에 종사하였다.

♌ 장호원의 구래 담배산지를 새로이 개발하다

1966년 2월 20일 장호원읍으로 발령이 나서 같은 해 2월 25일 이사하고 큰딸과 둘째딸도 장호원 국민학교로 전학시켰다. 담당구역은 장호원읍내 11개 리와 율면의 3개 리 등 총 14개 리였다. 오래된 산지라고는 하지만 구시대적인 경작방법을 그대로 사용한 채였고, 젊은이조차도 새로운 재배방식을 습득하려 하지 않았으며, 주된 경작층이 중년층 이상이었다.

낮에는 순회지도 밤에는 부락(마을) 단위로 집합강화로 여러 가지 개선을 도모하였으며, 그 성과는 2년차부터 나타났다. 이해 3월 맏딸이 매개중학교에 입학하였다.

장호원에 있을 때 내 인생 최대 창작품인 비닐복개재배법을 우리나라 최초로 시작했다. 1966년 3월 하순경이었다. 조합 창고 옆 양지 바른 곳에 호박을 심고 대나무로 틀을 만들고 비닐을 씌웠더니 발아도 빠르고 5월 중순까지 생육상태가 괄목할 만하였다. 이 경험을 가지고 67년도는 진전된 방법으로 비닐복개재배법을 개발하여 69년도부터는 널리 보급했다. 이 비닐복개재배법은 우리나라에서 내가 최초로 실험 성공했고, 내가 퍼트린 방식이 오늘에 이르고 있다. 장호원에서의 실험은 나중에 증평조합시절 담배의 개량 말칭재배까지 진전되었다. 이 점은 다음 항목에서 자세히 말하겠다.

이천 조합에서 근무할 때 점차 생활이 안정되기 시작했고, 월급은 겨우 5만원이었는데 알뜰하게 저축하였다. 아내는 나름대로 계를 부어서 조금씩 가산을 축적했다.

그 때 조금이라도 높은 이자를 획득하려고 타지 은행까지 찾아가서 저축을 하는 등 가난을 이기기 위해 최선을 다했다. 당시 지가가 무척 낮아서 쌀 3되(15홉)로 농지 1평을 살 수 있을 정도였다. 그래서 저축한 돈으로 영춘 등지에 약 7,000여 평을 구입해서 아이들 학비와 후일을 준비하였다. 당시 영춘 땅은 20만 원 정도였다. 지금 생각하면 참으로 헐값이었다. 나중에 4,900평을 팔아도 7,600만원에 불과하였으니 시골의 땅값이란 그렇게 헐값이었다.

또한 농지개혁법상의 3정보 상한제나 경작자 위주 토지 소유 원칙이 있어서 구체적인 토지 소유는 어려웠을 것이라고 하는데, 실제로는 이처럼 토지를 구입하는데 어려움이 없었다. 즉, 이승만 시절에는 그러한 원칙이 정해졌으나 박정희 시대는 자유로이 토지를 팔고 살 수 있었다. 그렇기에 토지가격이 헐값이었는데, 이는 농지개혁법의 유명무실화와 더불어 당시 박정희 정부가 공업화를 추진하면서 시골 지가를 염가로 낮추어서 공업 진흥에 유리하도록 한 결과였다.

♌ 채소의 비닐복개법을 전파하다

1969년 3월경 충북의 증평조합으로 전직하였다.[2] 당시 둘째 형은 당시 단양생산조합의 조합장이었는데 증평조합 송무웅 전무와 친분이 두터웠다. 그래서 그에게 부탁하여 전임자를 경기도 안성조합으로 강제 이동시키고 나를 받은 것이다. 그래서 청원군 북일면 내수로 이사했다.

담당구역은 청원군 북일면 일대였으나 산지 사정은 경기도보다 후진적이었고, 장려와 지도의 흔적은 찾아볼 수 없었다. 그래서 가가호호 빠짐없이 순회하면서 묘상 하나하나를 확인하고 미비점을 지적하여 개선하였다. 그리고 겨울에는 재배 면적 취집과 연초재배에 대한 집합강화를 부락단위로 1주에 1회 정도 강행군하였다.

그 즈음(1970년 5월 30일) 득남하였다. 나로선 그다지 아들을 기대하지 않았으나 아내는 전통적인 의식이 강해서 끝내 아들을 낳기로 마음먹었다. 5녀 1남이나 되는 아이들의 육아와 장래문제를 크게 고민했다.

1969년 4월 농업지도자로서 내 인생에 가장 보람있는 시간이 왔다. 이시기 마침내 채소(토마토, 수박, 참외)에 대한 비닐피복 재배의 시작(試作) 지도가 대성공을 거둔 것이다. 그래서 오늘날 각종 농작물, 원예작물 말칭재배의 기원이 되는 쾌거를 이루었다. 처음 이 재배법은 장호원에서 근무하고 있을 때 호박을 대상으로 한 나의 비닐복개시험재배의 성공을 바탕으로 한 것이었다(1966년 3월).

그 후 충북 증평조합으로 오면서 원통리에다 나의 재배법을 전파하여 생산력을 높이고자 했다. 이에 토마토 고추 수박 참외의 비닐 재배

2) 현재 엽연초생산협동조합 증평조합이 되었고, 충북 증평군 증평읍 장동리 205에 있다.

를 권장하였다. 이 일은 지방 농민들의 철저한 신뢰가 뒷받침되어야 가능한 일이었다. 다행히 신안리 총대 민충기가 내 말을 알아듣고 열심히 전수하여 재배법을 동리 전역에 전하였다.

재배방법은 먼저 땅을 개어서 둔덕을 만들고 둔덕의 양 끝에 작대기를 세운다음 비닐을 지표면과 밀착되게 덮는다. 덮은 비닐둔덕 상단에 구멍을 내어서 거기를 약간 들어가게 파서 씨앗을 뿌리는 방식이었다. 특히 비닐 색깔을 흑색으로 하면 태양열 흡수가 쉬워서 지표의 온도를 높여 생육하는데 효과가 있을 것으로 판단했다.

이런 비닐복개법으로 조성된 농지는 주로 증평-청주 도로변에 집중되어 있었다. 그러자 외지 사람들이 지나다가 차에서 내려 눈여겨봄으로써 이 방법이 전국적으로 급속히 파급되었다. 3년 후에는 음성 충주 조치원 논산, 김천 방면까지 파급되어 있었다. 내가 개발한 비닐복개재배상황을 직접 육안으로 확인할 수 있게 되니 참으로 감회가 새로웠다.

"아~ 이제 성공했구나...이것이 전국으로 퍼진다고 한다면 농업혁명을 달성하겠구나!" 하는 생각이 들었다.

사실상 하우스 육묘(다음 장에서 설명)와 비닐복개재배는 내 손때가 묻은 나의 경작법이다. 비록 낮은 지위에 있어서 내 이름을 널리 알릴순 없어도 내가 그것을 처음 개발했다. 이는 원통리, 신안리 사람들이 확인할 것이며, 아직도 일부는 그 어렴풋한 기억을 하고 있다.

♌ 담배의 개량 말칭재배를 성공하다

일반 채소의 경우는 비밀피복 재배법이라고 하지만 담배는 말칭재배라는 용어를 쓴다. 장호원 이후 비닐 피복 재배법을 개발한 여세를 몰아 1970년에는 증평조합에서 담배 말칭 재배법을 담당 지역에 보급하려고 했다. 1971년까지도 다른 지역에서는 이식이 늦고 지열이 높아 고사율이 심한 일반 말칭재배를 진행하였다.

이에 나는 71년부터 종래 증평군 신원리나 원통리에서 새로 개발한 말칭재배법을 시작하기로 작정했다. 이를 위해 다른 지역에서 사용하고 남은 비닐까지 회수하여 농민들에게 배분했다. 즉, 일반 채소에 대한 일반 말칭 재배를 성공했던 기술을 접목하여 장차 전매청에서 보급하려는 개량 말칭 방법을 널리 펼치는 작업이었다. 이에 농민들이 나의 지도에 적극적으로 따라주어 담배의 생산력 증강에 일대 혁명을 달성할 수 있었다. 채소에 대한 말칭재배, 담배에 대한 말칭재배에 대한 농민들의 이해가 확대되면서 기하급수적으로 나의 신기술이 전국적으로 퍼져갔다.

그로부터 2년 후 전매청 이부경이라는 사람이 일본의 말칭재배법을 배워와서 농촌에 전파하기 시작했다. 그러면서 자신이 이것을 개발하여 보급한 것처럼 자랑하였다. 많은 사람들은 내가 개발한 것을 알고 있었기에 그가 내려와 강연할 때 내 주변의 사람들은 모두 그에게 고소를 보내기도 했다. 974년에 비로소 담배의 개량 말칭재배가 전매청 주관으로 장려되었다. 그런데 전매청이나 일반에서는 담배 말칭재배로 인하여 소채류에 파급된 것으로 인식하고 있다. 하지만 사실은 정반대였다.

개량말칭에 의한 담배 육묘(좌)와 본포(우) 모습(출처: 엽연초생산조합 중앙회)

　　그러한 개량 말칭재배가 본인과 같은 무명의 인사로부터 시작된 사실이 널리 알려지지 않은 것은 유감이다. 정부가 말칭재배를 추진하기 3년 전에 이미 나는 시험에 성공하여 내 담당구역에서 급속히 생산력을 증진할 수 있었다.

　　지금은 전국적으로 하고 있는 개량 말칭재배는 실질적으로 내가 이천 조합에 근무할 때 호박에 시험재배의 경험으로 청원군 내수면 원통1리와 신안리에서 시작한 결과 좋은 성과를 내어 주위로 파급된 것이다. 그것은 나의 중요한 삶의 보람이다.

　　내 이름이 널리 알려지지 않더라도 분명 이 나라 영농 개혁에 일조한 사실을 북일면 신안 원통 1일 양개 리의 농민(대체로 고령으로 사망)들은 알아 줄 것이다. 이에 그 사실을 글로서 남겨놓는다. 오늘날에도 담배공사의 지도 방식에서 당시 내가 개발한 개량 말칭법을 그대로 적용하고 있기에 참으로 흐뭇하다. 소개하면 다음과 같다.

밭이 산 밑에 있고 사방이 막혀 사발 모양의 지형이라면 냉해가 상습적으로 오기 쉽다. 이런 밭에는 그 지역의 늦서리가 오는 날(晩霜日)을 넘겨서 심거나 개량말칭 재배로 심어 피해를 줄이도록 해야 한다. 그러면 만일 담배 밭에 조기 발뢰 현상이 생기거나 동상해를 입었을 때에는 어떻게 해야 하는가? 묘상에서 냉해를 입었을 때에는 햇살이 비치는 맑은 날이면 빨리 하우스의 문을 열어주어 기온이 서서히 상승하도록 해서 피해를 줄인다. 이 때에 급격히 온도를 상승시키면 피해를 더욱 심화시킨다(2005.11.30).[3]

---

3) KT&G 중앙연구원 원료연구소 선임연구원 강여규의 담배 육묘 지도, 연초생산업중앙회 엽연초 경작 지도자료(홈페이지).

♌ 상자육묘법(하우스 육묘법)을 개선하다

이러한 채소의 비닐재배법, 담배의 개량 말칭 재배와 더불어 1973년 에는 하우스 육묘법도 개발하여 보급하였다. 원래 전매청에서 수행하려 던 육묘법은 문제가 있었다. 한때, 전매청에서 지정한 방식을 가지고 설성면에서 한 상자정도 시험적으로 재배했는데 실패했다. 실패 원인은 농민이 점토를 섞지 않고 훈탄만으로 파종했기 때문이었다. 다음해 원 인을 규명하여 개선함으로 비로소 육묘(상자 육묘)에 성공하여 오늘날 에 이르렀다.

현재의 상자육묘 모습(좌)과 비닐복개법(우)- 비닐복개 재배법은 내가 최초로 개발 하여 전국적으로 펴졌고, 본인이 개발한 상자육묘도 최근 이 정도 개량 발전했다.

이전에 모가면 상암리에서도 상자육묘 실패 후 묘상 개선을 궁리해 왔던 것이다. 그 결과 새로운 방안으로 묘상복판에 (1간 마다) 말뚝을 박고 지름 20~25cm 소나무(6자) 송판중앙을 지름의 1/2정도 까서 양단을 눌러서 활모양으로 휘게 한 다음 말뚝에 못으로 고정시키고, 비닐로 덮는 방식이었다. 그것을 통하여 우수를 방지하고, 묘상을 고온 상태를 유지시켜서 속성으로 육묘하는데 성공하였다. 아울러 온상육묘를 위해서 훈탄과 점토의 비율을 조절함으로써 수분과 온도를 안정될 수 있도록 하는 방식을 채택했다. 요컨대 비닐피복재배법이나 하우스 상자 육묘 그리고 담배의 개량 말칭재배를 각기 창안하거나 개선시킨 것은 바로 나다.

정년퇴임을 앞두고 별다른 재산도 없어 사택에서 이사할 집도 마련하기 어렵고 아이들의 교육 문제 등으로 심신이 피로했다. 당장 사택을 비우고 이사할 집이 막연하였다. 그래서 청원군 북이면 장양 3리에 거주하는 박종우의 소개로 논 3,980평과 북일면 세교리에 마련하였던 논 1,190평 등 도합 5,170평을 처분했다. 그러나 지방에 있는 토지를 제대로 매매하기란 어려웠다. 설사 매매가 된다고 하더라도 애써 만들었던 소중한 토지를 어려운 형편에 그냥 내어 파는데 인간적인 주저함이 있었다. 신상명세를 2년 늦추어서 정년을 2년 연장하였다. 그리고 1975년 9월 2일에 51세로 정년퇴임하였다.

♌ 한일 연초수출 주식회사 시절

이러던 차에 미국 캐롤라이나 담배 주식회사와 합작인 한일연초수출 주식회사가 전매청 소유의 증평 재건조장을 매입하여 담배수출 사업을 했다(1975년 9월 1일 발족). 그래서 권혁모(이천 엽연초 생산조합 시절에 이사였던 사람)의 소개로 입사(그 해 9월 20일)하였다. 내가 차지철과의 담판을 통하여 그를 구원해준 이후 이렇게 다시 도움을 받게 된 것이다. 그때 나이가 51세였다.

사실 이 곳에 들어가는 데 청주농업학교 출신이라는 배경이 크게 작용했다. 당시 코텍이라는 충주지역 회사는 주로 충주농업출신이 몽땅 자리를 차지하였으며, 한미연초는 김천에 있었는데 영동농업출신이 장악하고 있었다.

당시에는 학교 출신이 취직에 큰 영향을 주었다. 이 이외 학교출신이 들어가기란 '하늘의 별따기'였다. 주된 업무는 처음 수출품 구매와 수출용 입담배 선정과 지도 등이었다. 생계문제가 해결되어 참으로 기뻤다.

정식 사원이 9명이었고, 수매할 때에만 계절제로 종사하는 임시직 9명 등 모두 18명이 수매업무에 종사하였다. 계절제 종사자는 회사의 지시에 따라 사원이 추천하여 임명

한일연초주식회사
시절의 필자

하였다. 수매할 때는 미국인이 반드시 같이 다녔는데, 혼자서 할 수 없으니 한국 사람을 동반한 것이다.

77년 9월 20일에 회사 설립 이후 최초로 입담배 수매를 실시했고, 이를 점검하기 위하여 도안 취급소와 논산 취급소 등에 출장했다. 거기서 음건종[4] 잎담배 수매를 하려는데 당시 회사는 1등품을 제외하고 6등급 미만 잎담배만을 수매하라고 지시했다. 그런데 이런 행태에 대해서 전매청에서는 의아한 눈초리로 보고 있었고 상업적인 이해관계가 내포된 것이 아니냐는 투로 항의를 했다.

담배수매가 시작되면 먼저 감정원이 등급을 매겼다. 두 사람의 감정사 즉, 갑(甲)감정, 을(乙)감정이 침으로 등급을 평가하는데 한국 사람이 하니 한국식이었다. 돈을 준 사람은 제대로 평가하거나 높여주고 그렇지 않으면 등급을 내렸다. 그들이 평가하고 돌아갈 때면 가방에 가득 돈을 담아갔을 정도로 많은 돈을 챙겼다. 그래서 내가 "왜 그렇게 하느냐. 공정하게 하라"고 핀잔하니 그 감정사들은 "우리가 다 갖는 것 아니야! 위에도 챙겨줘야 해"라고 했다. 참으로 부정의 부정이 넘치던 시기였다.

회사에 돌아와 보니 1등품은 고율의 니코친에다 가격도 비싸 수출단가를 올리는 경향이 있기에 제대로 구매하지 않으려고 했다. 세계적으로 점차 니코친 함량이 낮은 담배를 선호하는 추세라서 굳이 높은 가격을 주는 1등품을 사용할 필요가 없는 상황이 된 것이다. 따라서 외국 바이어들의 요구도 니코친 함량 여부에 관심을 두었지 품질 고하에는 그다지 문제 삼지 않았다.

---

4) 담배를 건조하는 데는 세 가지 방법이 있는데, 하나는 일광에 비추는 양건 방식이 있고, 그늘에서 말리는 음건 방식, 그리고 화력으로 말리는 방식이다. 일광에 의한 건조 방식으로 재배된 것을 양건종이라 하는데 니코친 함량이 높아서 현재에는 그다지 선호되지 않는다. 대신 음건종은 니코친의 함량이 낮다. 대체로 일반 담배는 화력에 의해서 말리는 화력 건조 방식을 택하고 있다.

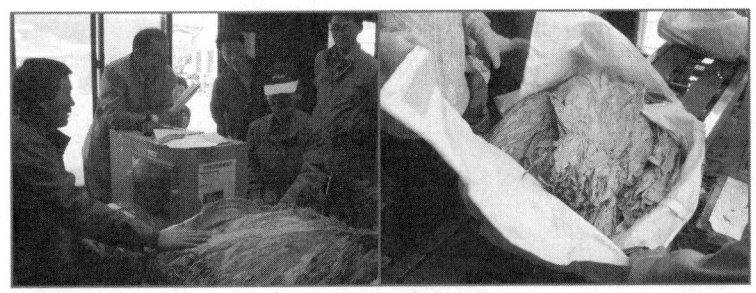

담배 수매 장면(자료: 엽연초생산협동조합중앙회)-평가대 위에 건조된 담배를 놓고 갑감정과 을감정이 각각 평가하여 등급을 매겼다.

그런 상황을 비집고 부정이 개입되었다. 즉, 정품을 속이고 여러 등급이 혼합된 제품을 사용하는 것이었다. 겉모습이나 색상만 비슷하다면 오히려 질이 낮은 저니코친 담배(낮은 등급의 담배)가 효용이 컸다. 그래서 불합격품도 그 안에 혼합하여 생산하는 비리를 저질렀다. 이같은 상업주의적 행태는 미국인이라고 해서 예외는 아니었다.

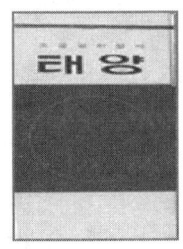

70년대의 담배

한일연초에서 근무는 무척 힘들었다. 회사사원은 20~30대 초반의 젊은 층이어서 60세가 된 수매부 직원들의 운신의 폭이 좁았다. 1977년 가을 음건종 입담배를 수매하고자 모든 장비를 2톤 트럭에 싣고 전라남도 강진군 병영읍 취급소에 도착하여 수매했는데 건조 불량으로 백색엽이 80% 이상인 입담배를 5일 동안 겨우 3톤 정도 확보하는데 그쳤다. 또한 같은 시간에 잎담배 수매를 위하여 충북 음성군 금왕읍 취급소에 갔으나 저수지 공사 등으로 잎담배가 썩어 문드러지다시피 했기에 전혀 수매할 수 없었다.

당시 함께 동행한 인부(수매품 정리기록)가 업무 능력이 없어서 서류 작성이 잘 되지 않았고 노는 것을 좋아해서 일을 마치기 어려웠다. 현지 차량을 대절해서 수매종료 2일 전에 장비 일체를 전북 부안군 줄포 취급소로 이전하였다. 그 곳 담배 역시 품질이 낮아서 수매물량 확보가 여의치 않았다.

1977년 12월 경 논산지역에서 수매를 진행하던 중 내 업무는 김태천에게 맡기고 회사로 돌아오라는 명령을 받았다. 왜냐하면 수출업무가 개시되자 입담배 재건조가 시작되었고, 이에 제품 생산 투입구에서 지도 감독할 사람이 필요했던 것이다. 회사에 돌아오니 미국 본사 부사장이자 공장장이 피킹라인(절단기에서 가습과정을 거친 잎사귀를 선별하는 곳)에서 근무하라고 지시했다.

공장 근무 여건은 좋지 않았다. 공기는 탁하고 먼지가 심해서 목구멍에 항상 가래가 끓었고 기침이 나서 견디기 어려울 정도였다. 그럼에도 마스크를 쓸 생각도 못했다. 오전반은 6시에서 14시 오후반은 14시 22시였는데 오후반은 저녁 10시에 근무가 끝남에 따라 막차(시내버스)를 타기 위하여 종종걸음하며 승강장까지 약 700미터를 달려가면 숨이 막혔다. 당시 여러 지병으로 몸이 허약한 시절이라서 체력이 달리고 육체적으로 감당하기 힘든 형편이었다.

그러한 근무 여건에 대하여 당시로서도 무척 걱정스러웠다. 그곳에 미국인 공장장(미국 본사 부사장)을 위시하여 3~5명 정도 간부들이 있었으나 누구하나 관심을 갖지 않았다. 간혹 노동청에서 감독을 와서 지적을 했고, 잘못된 부분을 시정하라고 했음에도 별 개선은 없었다. 노예를 부리는 미국인 근성이 그대로 투영된 것같았다.

79년 10월 26일 김재규 중앙정보부장에 의해서 박정희 대통령이 시해 당하는 사건이 있었다. 면사무소에 회의실에 빈소가 설치되어 있어 조문을 했지만 지방 사람들의 조문은 거의 찾아 볼 수 없었다. 그만큼 사람의 인심이란 조그마한 이해관계에도 쉽게 변하는 것이다.

♌ 손가락을 잃다

　초창기는 잎담배 12,000톤을 처리하기 위하여 6~14시 14~21시 21~06시 등 3교대 작업으로 여유를 찾았다. 그런데 1978년 4월 중순 투입라인에서 담배를 절단하는 작업이 완료되었는데도 담배 잎새 하나가 절단기에 조롱조롱 매달려 있었다. 시간은 밤 10시경이었다. 그것을 제거하려고 절단기에 손가락을 대는 순간 기계가 작동하여 오른손 두 번째 손가락이 절단되었다.

　이것은 나의 실수로 인한 사고였다. 그래서 증평읍 소재 박외과에서 수술 봉합 의과 수술을 받고 그 이튿날 귀가하였다. 신기한 것은 손가락을 잃는 중상을 입었으나 다 나을 때까지 통증이 없었다는 점이다. 치료 기간은 55일이었고, 보상금은 보험회사로부터 220만원을 수령하였다. 요즈음 같으면 2억 2천만원 정도일 것으로 추정된다. 당시 부장 월급이 22만 원이었으니까 거금이었다.

　그때 둘째 형수님이 별세하였다. 그런데 이일로 문상을 하지 못하여 지금까지 마음에 응어리로 남아있다. 1972년 1월 20일 둘째 형이 원주에서 별세하기 직전 아내와 함께 문병했던 것이 마지막이었다. 형은 영춘면 하리에 있는 형 소유의 밭에 안장되었다.

　고달픈 본사에서의 생활로 인해 더구나 건강상의 문제로 인해 퇴직하려고 몇 번이나 마음먹었으나 육남매의 공부와 장래문제로 생각을 접은 적이 한두 번 아니었다. 위장병에 극도의 신경쇠약으로 피폐된 신체는 무력감에 휩싸이고 체중도 45kg 내외를 오르내렸다. 여기서 허물어지거나 지쳐서 삶을 포기하기란 앞서 말한 것처럼 아이들 장래를 생각하면 오히려 사치였다. 무려 26~74세까지 인생의 행로가 병마와의 싸움이었다고 해도 과언이 아니다. 너무 통증이 심해서 잠을 이루지 못하는 날도 부지기수였다. 이러다 보니 하루에 보통 담배 2갑 이상을 피우면서 마음의 위안을 얻고자 했다.

이후 일본제 이스우루크스 위장약과 건위정(순 소다제품)으로 70세 고비에서 80%정도 치유효과를 보았다. 위통이 심하고 소화가 되지 않을 때는 건위정 12~15알까지 복용하였다. 74세 때 아들과 며느리가 전문의 수련과정에 있을 때 건강진단을 권유하길래 내시경 검사와 엑스레이 검사를 하고 열흘간 약을 복용한 결과 거의 완치되었다.

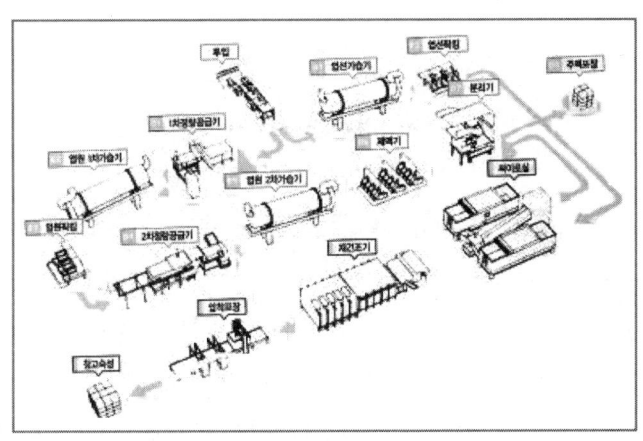

입답배 가공공정

수출이 한산한 4~5개월은 별 일이 없어서 무력하기도 했다. 1981년 9월 30일 정년퇴임 때까지 같은 방식으로 근무를 계속했다. 수출업무가 시작되면 봉급의 25%가 수당으로 지급되어 아이들의 학비조달에 많은 도움이 되었다. 이러한 회사생활이 계속되는 가운데 60세를 맞이하여 정년퇴임하였다. 기념품은 싸구려 벽시계 하나였고, 식사 한 끼도 없었다. 이병춘이라는 30세가량의 한국인 부책임자의 소행은 항상 미국인이나 회사만 바라보는 예스맨의 테두리를 벗어나지 못하는 대단히 예의 없는 철부지였다.

이러한 나의 연초조합 시절을 돌아보니, 당대 우리나라 대통령들의 면모가 하나둘 떠오른다. 앞서 이승만, 장면, 박정희 대통령에 대한 평가는 했으니 이후의 대통령을 한번 생각해본다.

먼저, 전두환은 저돌적인 정치 행동으로 많은 적을 두었으나 한강의 정비, 중부고속도로의 건설, 원자력발전소 건설, 88올림픽 유치 등의 능력은 높게 평가해야 한다. 하지만 노태우는 별로 논평할 가치를 느끼지 못한다.

김영삼은 공부를 그다지 많이 하지 않아 보이며, 진보적 이상주의 교수들의 조언만 믿고 사회주의 발판을 닦은 사람이라 여겨지며 IMF 경제난 등을 초래한 장본인이었다.

그리고 김대중은 이 땅에 사회주의 씨를 뿌린 좌파적 정치인으로 많은 돈을 북한에 주고 노벨평화상을 돈으로 산 사람이라는 풍문이 있다.

노무현 대통령은 과거로 뒷걸음질 하지 말고 미래를 지향하는 대통령으로 거듭났으면 한다. 툭하면 '대통령 못해먹겠다'고 하는 등 말이 많은 사람이다. 뚜벅뚜벅 앞만 보고 걸어가는 여유로움을 국민에게 보였으면 한다.

에필로그

사는 일이란...

♌ 사는 일이란...

아내는 1970년 늦둥이 아들을 낳고 1972년부터 처음 교회를 나가서 독실한 기독교인이 되었다. 평소에 동기간에 널리 착하고 인정이 많아서 두루 인망이 두터운 사람이었기에 교회에서도 많은 사람들과 좋은 교분을 맺었다. 그런데 아내가 교회에 나가게 된 것은 참으로 역사적이면서 신비적이다. 6.25사변 시기 우리 부부는 넷째 형의 권유로 교회를 나가서 3년을 다녔다. 그런데 1.4후퇴로 피난 중 문경에서 아들을 잃고 오랫동안 아이가 없어서 걱정하던 차에 처고모가 아내에게 용한 사람이 있다고 소개를 한 적이 있었다. 그래서 가보니 그 사람은 "8년이 되어도 아이는 반드시 낳는다."라고 하고는 "절에 가서 사흘을 불공드

리면 자식을 볼 것"이라고 했다. 그래서 그 말을 믿고 사흘간 불공을 드렸고 그로부터 17년 동안 교회에 나가지 못했다. 근대적인 기독교 정신도 한국 전통의 관습을 이기는 것이 좀처럼 쉽지 않다는 것을 알게 해준다. 그러한 서민의 마음과 연대하지 않는 종교심도 또한 그 무슨 의미가 있겠는가.

그러던 중 어느 날 꿈에서 청원군 마산리의 내수교회 식당에서 나오는 데 갑자기 신발이 없어졌다. 그래서 곤란해하던 중 윤동현 목사가 하얀 신발을 내주며 신고 가라고 하는 꿈을 꾸었다. 이튿날 최 모 권사가 전도를 했고, 그날 이후 오늘날까지 독실하게 교회를 다니게 되었다. 괴력난신(怪力亂神)과 기적을 멀리하는 근대적 기독교이지만 역시 한국적인 모습으로 기독교인이 된 것을 보니 참으로 기이하다. 나는 기본적으로 교회에 다니지만 많은 것에 대한 회의를 가지고 있다. 그럼에도 나에게 종교는 지난 세월 삶과 죽음을 오가는 그 척박한 인생과 오랜 생활고를 이기는 큰 힘이 되었다. 결국 종교는 어떤 절대적인 힘을 공경함으로써 자신의 내면을 강건하게 하여 보다 세상을 적극적으로 혹은 보람 있게 살아가도록 하는 인간의 본능적 행위일 것이다.

아들이 충북대 의대 본과 3~4학년을 다니던 90년대에는 문방구를 했다. 가겟방에 앉아서 내수 중학교에서 나오는 많은 아이들의 모습을 보면서 짐짓 보람도 느끼고 이런 아이들이 잘 자라서 평안한 세상을 살 수 있었으면 하는 바람도 있었다.

그런데 문방구 판매도 부진한데다가 가게는 한산하여 막막할 때도 있었다. 농지는 청원군 북이면 진개부락에서 소작을 주었으나 정성을 크게 들이지 않은 때문인지 생산된 쌀이 등외 또는 2등으로 판정되는 경우가 많았다.

그래서 바라는 수입을 기대할 수 없었는데, 적은 액수일망정 아이들의 장래문제를 설계하느라 아끼고 아꼈다. 1%의 이자라도 축적하려고 대전까지 가서 은행에 저축을 하기도 했다. 그러니 자연히 생활비는 턱없이 부족했고, 애들이 클수록 학자금이 많이 소용되어 갖은 어려움이 있었다.

넷째 딸은 서울 소재대학으로 진학하려고 희망을 했으나 그 청을 들어주지 못한 것이 늘 가슴 아프다. 그래도 사범대학에 들어가 오늘날까지 보람된 교사의 길을 가고 있으나 참으로 고맙다.

딸들이 스스로의 힘으로 결혼비용의 40%정도를 부담해서 참으로 도움이 되었다. 큰 딸 결혼식에는 당시로선 많은 돈이 들었는데 자신이 모은 돈 240만원을 가져와 큰 보탬이 되었다. 큰 딸은 서울 고등공민학교 둘째는 일신제강 경리과에 근무하던 시기였다.

아이들의 결혼 시기는 대체로 28세 전후였다. 큰 딸은 외 5촌 조카 소개로 대한무역진흥공사에 재직하던 사람과 가약을 맺었고 둘째는 동서의 소개로 동명기업에 근무하던 사람을 셋째는 충주 질녀의 소개로 수원 한독분말에 근무하던 사람을, 넷째는 공군 중위로 복무하던 사람을, 막내딸은 수원의 금성사에 재직하던 사람과 가약했다. 아들은 충북대 병원 레지던트 수련 중 같은 병원 소아과 레지던트였던 사람과 결혼하였다.

넷째와 막내딸이 졸업한 후 교사로 근무하게 되고 아들이 의대를 졸업하고 인턴과 레지던트를 이수하면서 조금씩 생활고에서 벗어났다. 많은 세월이 흘러 아이들이 제 길로 착실히 나아가는 모습을 보면서 삶의 보람이 무엇인지 깨닫게 된다. 아들이 비뇨기과 레지던트 전문의 시험에 전국 수석을 차지하여, 의사협회와 충북대 병원장에게서 표창장을 받던 모습. 서울 삼성병원에서 근무하던 중 의사협회에 제출한 논문이 우수작이 되어 영국 런던에서 개최하는 세계 의학협회 주최 논문발표 대회에서 발표하던 모습은 참으로 대견스러웠다.

자식을 키운 보람과 흐뭇함은 예나 지금이나 변함이 없다. 늙어가는 길목에서 가슴 뿌듯함을 느끼며 평생할 일을 다 했고 부모로서의 책임도 다 한 것을 자랑스럽게 생각한다. 1997년 12월에 아들이 결혼하여 1999년 1월 7일 큰 손녀가 출생하였다. 나이 여든에 손녀를 보게 되어 그렇게 기쁠 수가 없다.

우리 노부부는 가게 방을 사용하고 안채는 아들 부부가 사용하다보니 복잡하여 이사를 결심하고, 1999년 8월 3일 비오는 날 청주 분평동으로 이사하였다. 아파트 생활이란 많은 적막함을 주는 것 같다. 꽃과 나무를 아끼고 자손들이 각기 사회적 책무를 다하는 자리에 있다는 기쁨으로 매일 즐겁게 지내려고 한다. 특히 며느리가 병원 소아과로 출근하는 모습은 생애의 보람이다. 2001년 8월 3일 둘째 손자가 출생하여 더없는 반가움과 집안의 기쁨이 넘치고 화기가 애애하였다. 고달픈 경제적 어려움들 고달픈 병마속에서도 바지를 재봉틀로 꿰매며 직장 생활하던 과거사가 주마등같이 스쳐 지나갈 때 문득 흐뭇한 행복감이 전신을 타고 흐른다. 고생 끝에 낙이 온다는 말은 이를 두고 하는 말이 아닐까. 아들 내외의 효도는 남부럽지 않아서 행복이라는 말은 우리 노부부의 말년을 두고 하는 말 같다. 돌아가신 부모님과 큰 형, 둘째 형의 고생길을 다시금 회상하면서 깊은 위로의 말씀을 드리고 싶다.

어쩌면 사선을 넘나드는 죽음의 고비와 남로당 '허위' 가입 사건으로 인한 온갖 인생의 어려움이 있었지만, 돌이켜 생각하니 오히려 그것은 나로하여금 삶에 대한 책임감을 북돋고 좀 더 인생을 강건하게 살 수 있게 이끈 촉매였다고 생각한다. 인생은 살아볼만한 가치 있는 기억이다.

부 록

♌ 구술 조사 및 질문 목록

본 저작은 우창한 선생이 직접 자술한 회고록과 더불어 우창한 선생과 약 10시간 이상의 구술녹취 및 추가 질의를 토대로 작성하였다. 이에 실행한 구술 목록을 정리하면 다음과 같다.

1. 출생지와 가족에 관하여
   ○ 영월에서 단양으로 이주하게 된 계기는?
     - 고향에 대한 소개와 고향에 대한 기억
   ○ 부모에 대한 추가사항
     - 아버님 작고 계기, 아버님의 교육관, 시대관 교육수준, 학력, 직업, 성품
     - 어머님에 대한 기억, 자식 교육의 노하우, 식량 조달방법, 취사나 배급 공출 등 특별한 생활상의 기억은
   ○ 형제자매에 대한 질문?
     - 형 - 어릴적 소작농 시절의 이야기
     - 넷째 형님 영월군 영춘면 서기 및 면장 재임 동안 활동, 징용이나 빨치산 습격시 대처 경험에 관해서
     - 둘째 형님- 제천 연초조합 활동 관련 기술, 형님과의 관계, 나중에 연초조합 근무와의 연관성
   ○ 형제간 관계와 가정형편?
     - 특히 넷째 형님과 사이가 나빴던 이유는?
     - 아버님 작고 후 가족 생계에 참가한 형님들의 이야기

○ 가훈이나 집안에서 가장 강조되던 것?
○ 친인척 중에서 구술자와 연관이 깊은 분은?

2. 영춘 공립보통학교 시절과 일제의 시정에 관한 기억

○ 보통학교와 함께 심상소학교를 모두 졸업한 이유와 학교 생활은?
  ─ 다카시마 도루 교장의 학문관, 인생관, 민족관, 조선관...감동받
    은 훈시는?
  ─ 일본인들의 차별에 대한 감정
  ─ 내선일체에 대한 심경
○ 국민학교 시절 어린 마음에 느꼈던 미나미 총독의 농촌진흥운동
  에 대한 기억(염색 옷착용 외에)은?
○ 국민학교 졸업 후 곧바로 취업하게 된 이유?

3. 청주 농업학교 시절에 관하여

○ 청주 농업학교 소개? 당시 청주농업의 위상
  ─ 학교 선택 이유
  ─ 학자금 지원처
○ 2학년 때 임학과에서 농업과로 전과한 이유?
○ 청농 시절 장래 희망과 관심 있었던 과목은?
○ 1941년 청주 농업학교가 국방경기대회에서 전국 1등을 했다는데
  ─ 국방경기대회의 내용 소개
  ─ 국방경기대회에서 우승한 사람들의 이후 행적

○ 청주농업과 청주 상업이 대단히 사이가 나빴다고 하는데 실제 사건과 에피소드?

　－ 학교간 알력의 경제적 이유

○ 경부철도공사의 복선화 실시 과정에서 강제학도근로봉사에 나갔을 때 소감과 기억, 그리고 부역에 대한 불만은?

○ 학사일정은 잘 지켜졌습니까?

　－ 가장 자신 있었던 교과목과 칭찬받았던 기억

　－ 교장(나가시마 교장) 및 담당 교사에 대한 소개 평가

　－ 과목별 교육 수준

　－ 일본인과 조선인 교사의 차이점

○ 재학생들의 하루 일과-학생간의 위계 질서나 신고식 혹은 선후배간의 단결을 위한 의례

○ 재학생들의 수업이외의 시간의 활동

○ 재학생들의 1년 일정과 방학 때의 상황

○ 임학과에서 농업학과로 전과한 이유...다른 학과와의 차이점은?

○ 기숙사 생활 소개

　－ 선후배관계, 학교 다니는 보람.

　－ 하루의 일정

○ 만주, 하얼빈, 장춘 등지의 여행 동기

　－ 자금마련 등 준비 및 실행과정 그 결과

　－ 중국과 중국인에 대한 인상

3. 라남 조선군 징병과 소군과 접전 그리고 탈출

○ 재학생들의 지원병 참가자 내용과 경위

○ 학생 징병 규모와 내용, 신체검사 및 신병 교육에 대한 자세한
  소개
○ 전별금 350원의 출처
○ 라남 병사에서의 생활
  − 고병에 대한 설명
  − 라남 병사(兵舍)에 대한 자세한 설명
○소련군과의 전투상황
  − 소련군의 청진 상륙작전 및 상황소개
  − 소련군을 포로로 잡기까지의 작전과 상황
  − 소련군에게 무장해제 당시의 기억
  − 김일성 부대의 진입에 관한 기억
  − 김구 및 이승만에 대한 북한 사람들의 열광
○ 탈출의 경위
  − 조선해방에 대한 북한 주민의 민심
  − 남한 지역과 다른 북한 특유의 자존심에 대하여
  − 흥남질소비료공장을 보면서 느낀 점
  − 집까지 오는 여정
  − 북한 지역 소련군의 동향
  − 일소간의 동두천에서 전투 상황

* 기타 사항

○ 해방 직전 경제통제의 실상
  − 영춘지역 물자배급의 수준과 절차
  − 청주 지역 학생에 대한 특별배급 여부

－ 공출, 징병, 징용 등 각종 물자 및 인력동원 방식
○ 영월호국청년대에 가입하게 된 동기
　－ 훈련방식, 집합일시, 교육내용 등
○ 보도연맹 가입과 탄압과정

5. 해방 직후~6·25까지

○ 교사에서 영월군 작물계를 거쳐 국립 농사교도국으로 나중에 금
　융조합 직원으로 계속해서 전직하게 된 동기?
○ 영춘 공립 보통학교로 취직하게 된 동기는?
　－ 교사 시절의 생활 모습
　－ 남로당과의 관계(가입동기, 탈퇴 이유, 주변의 시선)
　－ 이승만 김구, 여운형, 박헌영 등에 대한 당시 이해
　－ 교사 시절 신탁통치 반대운동 노래를 작곡한 경위와 그 내용.
○ 교사직에서 영월군 산업과 작물계로 전직하게 된 동기와 결과
　－ 당시 하곡 공출 실태와 특별한 경험, 공출 독려 노하우
　－ 하곡 공출에서 군내에서 가장 높은 평가를 받게 된 경위
　－ 공출 당시 지역주민의 반발과 그것의 무마과정
　－ 군청 직원중 6·25전쟁으로 학살된 사람들에 관해서
○ 국립 농사지도소로 전직하게 된 동기는?
　－ 남로당 딱지에도 불구하고 신원조회를 통과한 과정
　－ 농사지도소의 연혁은 어떤 것이며, 어떤 업무를 주로 했는지.
　－ 농사지도소에 소개한 친구
○ 영월군 금융조합으로 전직하게 된 동기?
　－ 금융조합에서 공출 관계 업무를 맡았던 경위

- 해방 전 공출과의 차이점과 유사점
- (공출절차, 대금지불방식, 배급방법)
- 금융조합의 구성과 업무
- 국군의 식량보급 요청에 대한 대응 과정
- 금융조합 직원으로 국군에 학살된 사람들에 관하여
○ 농사지도소의 농가안정책 및 토지개량, 종자개량 사업 내용은?
- 농사지도소 설립 연혁
- 김인경과의 관계와 내부 갈등, 미국과의 관계
- 농가안정책의 수준
○ 보도연맹 가입동기와 이후의 활동 내용은?
- 남로당 및 근로인민당 관련 기록
- 당시 받았던 스트레스와 억울함에 대한 기억
- 생명의 위협과 남로당에 대한 당시 생각 그리고 현재의 생각

6. 6 · 25의 참화아래서

○ 인민군의 영춘 지역 진입과정
- 인민군의 영월군청 접수과정 및 식량 확보 대책
- 강원지구 전투경찰사령부 사령관과의 면담내용
- 인민군에 동원되어 대구지역으로 옮겨진 영월미의 운송과 규모
- 전쟁 직후 정부와 영월군의 저항과 대응
○ 영월금융조합에서 지인들의 동향...6 · 25때 움직임
- 인민위원회에 조합직원들이 참가하게 된 원인
- 특별히 식량계에서 활동한 이유
- 국군 북진시 보복의 실상

○ 북한의 정치공작대와 치안대의 활동
  - 반동처벌 대상이나 학살의 규모
  - 인민위원회 결성의 원칙, 구성 인물
  - 보도연맹 출신자들의 활동상황
○ 인민군과 북상 중 탈출하게 된 경위
  - 야산에서 은거한 경위
  - 가족과 헤어지면서까지 다른 피난길을 택한 이유
○ 보도연맹 학살 경위
  - 영월지역 보도연맹 학살의 실제
  - 학살을 모면할 때의 심경
○ 방절리 피난 생활
  - 호구조사, 세금징수의 방법
  - 북한화폐 사용 경위-당시 남발된 조선은행권과 새로 발행된 한
    국은행권, 북조선 중앙은행권 등의 사용 규모와 갈등구조
  - 의용대 가입권유 문제(왜 의용대에 가입하지 않았는지)

7. 토지개혁 실무자로서

○ 토지개혁 실무자가 된 경위
  - 토지개혁 관련 북한의 지시사항
  - 토지개혁 실시과정에서 농지개혁 내용과의 차이점
  - 남한 농민들의 북측 토지개혁에 대한 이해
○ 토지개혁의 내용
  - 분배면적, 등기방법
  - 남측의 전시 수득세 공출과 북측의 공출간의 차이점

    - 토지개혁의 결과- 국군이 수복당시 토지개혁과 관련한 민원은?

○ 토지개혁 중 국군측의 빨치산 활동

    - 공격한 빨치산의 정체는?

    - 영춘지역에서 피신 코스는?

8. 학살과 부역자 낙인을 피해서

○ 당시 영월지구 보도연맹 학살사건에 대해서 항간에 알려진 내용과 차이난 점?

○ 인천상륙작전 직후 영월의 정세와 1.20영춘 폭격에 대해서

    - 일사후퇴 직후 인민군이 들어왔을 때의 상황은?

    - 인민군이 영춘을 장악한 정확한 시기는?

    - 이때 하신 일은?

    - 51년 7월 영춘 압송될 때의 상황

    - 전향서나 자술서는 어떻게....작성했는지...

○ 사변과 동란의 차이점- 피난민의 입장에서

○ 문경 피난길

    - 큰 아들을 전화를 잃게 된 과정

    - 폭격에서 살아남은 과정

    - 빨치산과 국군간의 교전지구 안에서의 상황

    - 수류탄 폭파상황

○ 학살에 관한 증언

    - 보도연맹 학살 시기 피신처

    - 태백산지구 공비토벌 사령관이라 불리는 국군 모 대위의 영월지역 집단 학살 내용

- 인민군을 지원한 여성들에 대한 CIC의 잔혹한 학살 행위에 대
  한 증언
- 강대룡 등 양민 학살
- 의풍리에서 주민학살의 실상
- 곡계굴 사건에 대한 내막
○ 금융조합 해고과정과 가족의 생계

9. 두 번째 징병과 세 번째 징병

○ 52년 1월의 징병 신체검사에서 불합격을 받은 이유
○ 52년 8월의 군 입대 배경과 재신검 과정
  - 전쟁중 징병관리 방식, 면의 역할
○ 통신교관으로 활동하게 된 동기
  - 반공포로 통신 교육의 목적
○ 군에 있는 동안 가족의 생계
○ 조기 전역이 가능했던 이유

10. 만항 탄광 시절.

○ 신동아주식회사 만항탄광 경리과장이 되기까지
  - 관사 생활 모습
  - 중석 채취의 특성과 경제적 의미
○ 출장 중 보았던 4 · 19 경험과 5 · 16
  - 4 · 19 당시 서울 거주했는데 직접 겪은 소감

- 이승만 박사에 대한 소감
- 박정희 장군의 쿠데타에 대한 당시 심경

11. 이천 연초조합 시절에 대하여

○ 이천에 연초조합을 설립하게 된 동기,
○ 연초조합에 취업하게 된 동기
  - 조합 내 지역주의, 지역색, 파벌 문제
  - 차지철과의 인연
  - 농촌지도 활동 내용과 정부 시책
○ 개발한 말칭 재배법 내용과 현재의 재배법의 특성
  - 최초 호박에 대한 비닐복개법의 창안
  - 채소의 비닐복개재배법 개발 과정
  - 집합강화의 내용
  - 담배의 개량말칭재배 개발 과정
  - 말칭재배법의 전국적 확산에 대한 소감과 자부심

12. 증평 연초조합시절에 관하여

○ 증평 연초조합에서 하신 일, 업무 내용
  - 상자육모법 개발 과정
  - 담배가 농가소득 증대에 미친 영향?
  - 이천 및 증평 지역에 연초조합이 활성화된 이유.
  - 연초조합의 각종 비리가 많았다고 하는데...

13. 한일연초주식회사 시절

   o 엽연초 수매 방법과 담배 생산 방법
      - 갑감정, 을감정 등 등급평가시의 특성
      - 미국인들의 엽연초 구입 비리
   o 각종 담배별 생산 방식 및 담배 제조 공정
      - 손가락 절단 사건
   o 당시 월급과 생활수준=경제개발시기의 생계 수준
   o 농지개혁에도 불구하고 토지를 대량 구입 여부
      - 쌀 수매 방식과 등급판정
      - 당시 토지가와 토지 구입방법

14. 추가질문

1. 징병 당시 친일 조선인들의 징병 지지 활동에 대하여
2. 최근 일본인들이나 일부 한국인들이 식민지 조선을 근대화하고 근대적인 발전을 시켜주어 한국이 오늘날처럼 잘 살게 되었다고 하는 논의에 대하여 당대를 산 경험자로서 감회는?
3. 경부철도 근로봉사 시절의 비화
4. 역대 대통령과 정치철학 평가(특히 박정희 정부에 대한 평가)
5. 학교, 동료, 친구분들 최근동향
6. 회고와 감회

♌ 우창한 선생 연보

1925.9.1	충청북도 단양군 영춘면 하리 402번지 출생
1939.3.20	영춘 공립 보통학교 졸업(재수)
1941.3.20	영춘 공립 보통학교 심상소학교 졸업
1941.4.2	청주 공립 농업학교 입학(1945.3.20 졸업)
1945.4.20	영춘 공립 국민학교 교사 피명(발령자 충북도지사)
1945.7.30	제2기 조선인 징병 라남사단 편입, 청진에서 소군과 접전
1945.8.24	학교 복귀(1948.2.20 퇴임)
1946.1~	신탁통치 반대운동, 탁치 반대 노래 작곡
1947.8.20	문교부 시행 국민학교 정교사 시험 합격
1947.하반	남로당 가입
1948.2.20	강원도 영월군 산업과 작물계 근무피명(부농업기사 8급봉)
1949.7	영월군 하곡공출 총지휘 목표전량 수납
1948.10.11(음)	결혼
1949.4~	보도연맹 가입
1949.9.1	국립 농사교도국 농업기사로 전직(7급봉)
1950.3.2	사직하고 영월 금융조합 양곡계 근무 피명
1950.7~9	영월군 인민위원회 식량계 동원
1950.9~	영춘 피신 및 은거 CIC 자수
1951.3	경찰에서 석방
1951.7.	재차 연행,
1951.9	CIC에서 석방
1952.1.18	육군 제 2 훈련소 입소, 폐병 진단으로 귀향.
1952.7.	제3차 징병 신체검사 합격(10.2 육군 통신학교 입소)
1953.2.1	육군 통신하교 수료 오피레다 교관 근무

1956.7.18	3개 기수 졸업. 육군통신학교로부터 제대
1958.4.1	신동아 산업 주식회사 만항탄광 경리과장(1961.6.1 사직)
1961.9.1	이천 엽초조합 근무(곤지암, 모가, 설성, 장호원, 안성)
1969.4.1	증평 엽연초 생산조합으로 전출(1973.9.2 사직)
1969.4.	채소(토마토, 수박, 참외) 피복 재배 지도 대성공
1970	담배 개량 멀칭 재배 試作 지도 대성공-전국적으로 확산
1973 초반	비닐 상자육모법 개발
1975.9.20	한일 연초수출 주식회사 입사(수매업 종사)
1981.9.30	정년퇴임
1983~	문구점 경영(~1999)
현재	청주 분평동 현대 대우 아파트 거주

♌ 찾아보기

우창한禹昌翰

단양군 영춘 생(1925)으로
청주 공립 농업학교를 졸업하였고,
제2기 조선인 징병 일본군 라남 사단
단양 영춘 공립 국민학교 교사
영월군 산업과 부농기사
국군 징집(상무대 통신학교 교관)
영월 금융조합 양곡계
만탄 경리과장
이천, 증평 연초조합 지도원
한일연초주식회사 수매과장 역임.

김인호 金仁鎬

부산 생(1963)으로
고려대학교 문과대학 사학과를 졸업
고려대 대학원 사학과 석·박사(문학박사)
고려대 민족문화연구소 선임연구원,
일본 동경경제대학 경제학부 객원연구원
경성대 교양과정부 한국사 전공 교수 역임
목원대학교 인문대학 역사학과 교수 재직

歷史의 경계를 넘는 激情의 記憶

인쇄일 초판 1쇄   2006년 08월 20일
     2쇄   2018년 09월 15일
발행일 초판 1쇄   2006년 08월 24일
     2쇄   2018년 09월 25일

지은이 우창한, 김인호
발행인 정진이
발행처 **새미**
등록일 2005.03.15. 제17-423호

서울시 강동구 성내동 447-11 현영빌딩 2층
Tel : 442-4623~4 Fax : 442-4625
www. kookhak.co.kr
E- mail : kookhak2001@hanmail.net
ISBN : 978-89-5628-239-8 ★93900
가 격 11,000원

★ **새미**는 **국학자료원**의 자매회사입니다.
★저자와의 협의 하에 인지는 생략합니다.